광주, 처음보다 더 극적인 두 번째 등장

광주, 처음보다 더 극적인 두 번째 등장

광주, 처음보다 더 극적인 두 번째 등장

민주주의 도시 광주가
이제 '부강한 도시 광주'로 새롭게 등장합니다.

강기정 지음

메디치

내 꿈은 부강한 광주

광주의 첫 번째 등장은 대한민국 민주주의의 이름으로 기록되었다. 노벨문학상 수상자 한강 작가의 말처럼 잔혹함과 인간 존엄이 공존했던 그 시공간을 '광주'라 부를 때 광주는 하나의 지명이 아니라 시대의 보통명사가 되었다. 광주정신은 12·3비상계엄의 혼란 속에서 대한민국을 다시 한번 구해냈고, 전 세계는 광주를 '민주주의 도시'라 칭하며 찬사를 보냈다. 이 자부심은 우리의 DNA에 새겨져 오랜 세월 우리를 움직이게 한 힘이었다. 그러나 그 숭고한 희생과 자부심이 도시의 풍요로 이어지지는 못했다. 광주는 민주정부 탄생

의 원동력이었고, 그때마다 더 나은 내일을 기대했지만 성장
은 번번이 미뤄졌다.

하지만 이제 광주 시민의 자부심은 역사 속에서만이 아
니라 오늘의 삶으로 증명되어야 한다. "민주주의 사회가 경
제발전에서도 앞서간다"고 했던 노벨경제학상 수상자 제임
스 로빈슨 교수의 말처럼, "독립운동하면 3대가 망한다는
말은 이제 끝내야 한다!"는 이재명 대통령의 약속처럼, 민주
도시 광주의 특별한 역사와 정체성이 사람과 기업을 광주로
이끌 자산이 되고 성장과 기회로 이어져야 할 때이다. 나는
그 답을 민주주의의 뿌리 위에 AI로 완성하는 '미래도시 광
주'에서 찾았다.

광주는 문화·역사적 자원이 풍부한 도시다. 그러나 구슬
이 서 말이라도 꿰어야 보배가 되듯이 흩어져 있는 자원을
연결하고, 도시에 활력을 더하기 위해 우리는 체질 개선부터
시작했다. 광주를 '꿀잼도시'로 만들고 싶었다. 5·18은 추모
를 넘어 축제가 될 수 있도록 모두가 참여하는 시민의 장으
로 확장했고, 복합쇼핑몰을 통해 시민이 누릴 공간을 만들었
으며, 누구나 도움이 필요할 때 사회안전망 속에서 보호받을

수 있도록 '광주다움 통합돌봄'을 시작했다.

그리고 이제 광주는 AI라는 새로운 날개를 달았다. 국가AI데이터센터를 중심으로 전국에서 가장 앞선 AI 생태계를 만들었다. 광주는 이를 토대로 전 산업의 인공지능 전환(AX)을 이끌 'AX 성장모델'을 통해 AI의 무한 변주를 시작한다. 도시 전체를 실증 플랫폼으로 전환하는 '규제프리 실증도시'는 물론 모든 산업과 교육·문화·돌봄까지 AI 기반으로 재설계하는 대한민국 최초의 도시가 되고 있다. 국가AI반도체(NPU)컴퓨팅센터와 실증·검증센터, AI모빌리티 신도시와 자율주행 실증 인프라 등 AX실증밸리를 완성하기 위한 속도도 높이고 있다. 윤석열 정권의 3년을 이겨낸 광주는 이번에야말로 이재명 정부와 함께 반드시 날아오를 것이다.

광주는 지금, 조용히 그러나 뜨겁게 끓어오르고 있다. 99도에서 마지막 1도를 기다리는 순간처럼, 준비된 도시 광주는 성장의 날개를 한껏 펼칠 순간만을 고대하고 있다. 누군가 대한민국 AI의 미래를 묻거든 고개를 들어 광주를 보게 하라. 처음보다 더 극적인 두 번째 등장, 그 이름은 '부강한 도시 광주'다.

깨트리는 사람 강기정

누군가 내게 꿈을 묻는다면, 나는 주저 없이 '부강한 광주'라 답할 것이다. '부강'은 단순히 돈이 많은 도시를 뜻하지 않는다. '부(富)'는 경제적 풍요를 창출하는 산업을 키우고, 그 안에서 일자리와 기회를 만들어내는 역량이며, '강(強)'은 시민의 삶을 안정적으로 떠받치는 포용적 제도와 공공의 기반을 의미한다.

청년 강기정은 민주화를 꿈꿨고, 오늘의 강기정은 잘 사는 광주를 꿈꾼다. 우리 광주, 우리 공동체가 더 나은 삶을 누리기를 바라는 마음은 한결같이 변함 없다. 청년 시절 나는 '광주를 위해 선봉에 서자'는 마음으로 전두환 정권에 맞서 싸웠다. 학생운동을 하다가 체포되어 재판정에 섰고, 내가 죄인이 아니라 역사의 죄인은 따로 있다고 꼬박꼬박 할 말을 다하다가 8년 형을 선고받았다. 재판정에 계시던 어머니가 쓰러지셨다. 엄혹한 세월이었다.

초선 의원 때는 싸우지 않으면 안 되는 정치지형 속에서 온몸을 던져서 불법을 막고, 법과 제도를 지켰다. 욕도 많이 먹었지만 '광주가 나를 국회에 보냈으니 해야 할 몫을 다해야 한다'고 믿었다. 그야말로 피가 끓던 날들이었다. 그 과정에서 나는 돌을 맞아도 버티는 맷집과 막혀도 다시 길을 찾는 단단함을 배웠다. 일을 못 하게 되는 것이 두렵지, 욕을 먹는 것은 견딜 만했다. 광주에 꼭 필요했지만 아무도 하지 못했던 일들, 좋은 게 좋은 거라고 덮어뒀던 것들을 들춰내고 익숙함과 결별해야 하는 일들에 뛰어든 것도 그래서였다. 새로운 광주시대를 열기 위해서는 누군가는 혁신의 길을 가야 했다.

깨트리는 사람의 운명이 그러하듯, 돌이 날아오면 먼저 맞았고, 앞이 보이지 않으면 길잡이가 됐다. 기득권에 편승하는 대신 '변화와 새로움'을 위한 진통을 감내하기로 했다. 대나무 나이테처럼 시련은 광주를 더 단단하게 만드는 과정이라 믿었다. 시민과 광주가 행복하다면 그것으로 족했다. 그것이 내가 정치를 해온 이유이자 광주 시민이 나에게 기회를 준 이유 아니겠는가. 나는 세련된 스타일은 아닐지 몰라도, 어려움을 피하지 않는 돌파력, 옳다고 믿는 일을 끝까지 밀어붙이는 추진력만큼은 자신 있다. 변화에는 그런 힘이 필요하다.

AI 중심도시 광주는 강기정표 대선 공약

2016년 독일에 머물면서 4차 산업혁명과 인더스트리 4.0을 지켜보던 중 박근혜 정부 탄핵사태로 조기 대선을 치르게 되어 예정보다 빨리 귀국했다. 곧바로 문재인 대선 캠프 종합 상황실장을 맡았다. 그때 광주 대선 공약을 만들었다. 'AI집적단지 1조 원 프로젝트'와 '5·18 정신 헌법 전문 수록'이 바로 강기정표 대선 공약이다. 광주시의회에서 직접 그 공약들을 발표하는데 심장이 뛰었다. 광주가 지켜온 민주주의의 가치는 더욱 굳건해지고, 광주의 미래는 더 크게 열릴 것이라는 확신이 들었다.

AI를 광주의 미래 먹거리로 준비한 지는 무려 8년이 넘는다. 청와대 정무수석 시절에는 누락된 예산을 꼼꼼히 챙기며 기반을 다졌고, 민선 8기 광주시장이 되어서는 'AI 중심도시 광주'를 향한 시동을 본격적으로 걸었다. 윤석열 정부 3년 동안은 참 어려움이 많았지만 잘 이겨냈다.

목표가 분명히 보이고, 변화에 대한 확신이 있다 보니 욕심을 부리기도 했고, 속도도 빨랐다. 덕분에 불통이라는 딱

지가 하나 더 붙었지만, 그 '불통시장'이 바꿔놓은 광주를 보
시라. 판이 달라졌다. 변화의 사이즈가 다르다.

전국 유일의 국가AI데이터센터가 광주에 개관했다. 퓨
리오사AI(FuriosaAI), 에이직랜드(Asicland), 에임퓨처(AIM FU
TURE) 등 350여 개 AI 기업들과 MOU를 체결하고 AI 반도
체 클러스터를 구축하고 있다. "인재가 없어 기업이 오지 않
는다"는 말이 나오지 않도록 구글, 삼성, NHN 등과 함께 광
주만의 'AI 인재양성 사다리'를 탄탄하게 구축해왔다. 곧 광
주 이름이 붙은 반도체 칩도 생산될 예정이다.

또한 한계에 달한 광주의 자동차 산업을 완전히 새롭게
바꿔냈다. 19개 자치단체와 각축전을 벌인 끝에 신규 국가
산단 유치에 성공한 것이다. 내가 직접 현장 브리핑을 했는
데, 무려 100만 평 규모에 2조 원이 투입되는 국책사업이
다. 진곡산단, 빛그린산단 등 기존 부품단지 및 산단들과 클
러스터를 구축해 광주를 모빌리티 신도시로, 도시 전체를 미
래차의 실증 현장으로 변화시키는 프로젝트가 진행 중이다.

전국에서 가장 먼저 준비하고 인프라를 구축한 AI와 모

빌리티가 집적과 숙성의 시간을 거친다면 광주는 더 이상 예전의 광주가 아니게 된다. 양질의 일자리가 늘고, 청년이 머무는 도시가 된다. 살 만한 곳을 넘어 희망이 자라는 도시가 되는 것이다.

표 안 된다는 복지에 더 과감하게 투자하다

복지를 내 평생의 과업으로 마음에 새기게 한 분은 어머니다. 어머니를 모시고 병원에 다니며, 부모님 병원비 걱정에 시름이 깊은 자녀들의 모습을 종종 보았다. 경제력과 건강을 모두 잃고 자식에게 큰 부담이 된다고 느끼는 노년의 삶은 얼마나 고통스러울지 생각하지 않을 수 없었다.

그 순간마다 국가의 책임과 역할을 떠올렸다. 젊은 날 경제를 살리고, 민주주의를 바로 세우고, 아이들을 키우느라 힘들게 살아온 어르신들…. 그분들이 더 이상 불행하고 고독한 노년을 맞지 않도록 보호하는 역할을 국가가 해야 한다는 믿음이 내 복지 철학의 출발점이 되었다.

그래서 초선 의원 시절, 보건복지위원회 법안심사소위 소속으로 기초노령연금법과 장기요양보험법을 만들었다. 지금은 어르신들이 당연하게 누리시는 그 법이다. 누구라도 삶의 위기에 처했을 때 국가가 보호자가 되어야 한다. 복지와 미래 세대에 대한 투자는 아끼지 말아야 한다. 이것이 처음부터 지금까지 일관되게 변함없는 나의 복지 철학이다.

시장이 되어서 가장 먼저, 과감하게 추진한 것이 광주다움 통합돌봄 정책이었다. 아동 보육수당을 확대하고, 사회복지시설 종사자 처우 개선에 나섰다. 단일임금도 보장하고, 반대가 심했던 호봉제 전환도 이루었다. 건강검진비 지원 및 가족돌봄휴가의 대상도 확대했다. 그분들의 헌신으로 우리 복지가 굴러가고 있다는 사실을 놓쳐서는 안 된다.

정치권에서는 흔히 "복지는 표가 되지 않는다"라고 말한다. 복지에 대한 투자는 표로 연결이 안 된다는 게 일반적인 정치 계산법이다. 그래서 복지정책이 늘 후순위로 밀리는 것이다. 표가 될 일을 먼저 해야 정치인에게 유리하기 때문이다. 하지만 사회적 소외가 깊어지면 결국 사회 전체가 병든다. 더구나 광주다. 인간의 가치를 가장 우선시하고 이웃

공동체를 위해서 죽음도 불사했던 도시다. 광주에서의 돌봄은 그 차원도 깊이도 달라야 한다. 그래야 광주다.

민주주의의 다른 이름, 광주다움 통합돌봄

누구나, 신청하지 않아도 삶의 위기에 몰린 시민들을 찾아가 구하자는 게 '광주다움 통합돌봄'의 핵심이다. 사실 광주다움 통합돌봄 정책은 처음에 반대가 많았다. 다들 안 된다고 했다. 예산 수립도 어려울 뿐 아니라, 인력 투입도 너무 많고, 섬세한 부분 또한 많아서 쉽지 않을 것이라고들 말렸다. 하지만 그건 어렵다는 것이지, 필요 없다는 것이 아니지 않은가. 그래서 관과 민이 손잡고 일할 구조를 만들고, 과감하게 예산을 투입했다.

어렵더라도 꼭 필요한 일은 일단 시작하면 만족도가 다르다. 죽음의 위기에 직면한 1인 가구, 어디에도 손 내밀 곳 없던 복지 사각지대의 시민들이 위기를 넘길 수 있었다. 지금은 의료와 연계해 더 촘촘한 돌봄 체계를 구축해 나가고 있다. 이것은 단순히 시혜를 주고받는 것이 아니라 사회적 관계의 회복이다. 죽음의 공포 앞에서도 이웃공동체를 지켜낸 광주정신이 이 시대와 만나서 돌봄민주주의로 거듭난 것이다. 역사에서 일상으로, 광주의 민주주의 가치가 확장된 것이 바로 광주다움 통합돌봄이다.

강기정표 정책, 대한민국 표준이 되다

사실 정책이란 것은 현장에서 기획되고 실행되는 것이 좋은 수순이다. 위에서 내려보내는 것이 아니라 필요한 곳에서 만들고 실행하고 보완하는 것, 그리고 중앙정부는 그것을 지원해주는 방식이 가장 바람직하다고 할 수 있다. 그런 점에서 민선 8기 광주는 지방시대의 새로운 역사를 쓰기 시작했다. 광주발 정책들이 중앙정부를 거쳐 전국으로 확산되는 가장 이상적인 모델 정책들이 나왔기 때문이다.

광주다움 통합돌봄은 세계도시정책의 오스카상으로 불리는 세계지방정부연합(UCLG) 국제도시혁신상을 수상했다. 타지자체, 정부, 학계의 주목을 한몸에 받았다. 내년부터는 전국에서 시행하도록 확대되어 국가 복지정책의 표준이 됐다. 정은경 보건복지부 장관도 광주를 찾아 돌봄현장을 살펴보고 적극적인 시행을 약속했다.

'전국 최초 24시 공공심야어린이병원', '초등생 학부모 10시 출근제', '산단 근로자 아침밥 지원사업', '어린이 무상 교통 시대를 연 대중교통 할인정책 G-패스', 'AI 당지기' 같은 광주발 정책들도 전국 지자체가 따라 배우는 모델 정책이 됐다. 광주가 하면 대한민국의 표준이 된다는 이야기가 언론에 오르내리고 있다. 광주발 정책이 전국 표준이 된다는 의미도 크지만, 지방과 중앙의 관계 설정을 새롭게 정의했다는 점에서 더욱 큰 의미가 있다. 지방에서 만들고 실행한 정책들을 중앙이 지원하고 키워주는 구조, 정책의 선순환이자 지방시대의 가장 바람직한 정책 모델을 오늘의 광주가 만들어내고 있는 것이다.

짧은 질문에 대한 긴 답

"그동안 뭘 했어?" 정치를 시작한 이후로 사람들은 늘 성과를 묻는다. 의원 시절에도 그러했고 시장이 된 후로도 마찬가지다. 이 책은 수없이 받아온 그 짧은 질문에 대한 긴 답이다. 나에게 정치란 한정된 재원을 무엇에 쓸 것인가를 결정하는 일이고, 정치인은 정책에 민심의 옷을 입히는 사람이다. 그래서 늘 변화의 대열, 그 맨 앞에 서고자 했다.

지금까지 광주는 숱하게 변화를 원했지만, 변화에 따르는 저항을 넘어서지는 못했다. 2005년에 수립된 어등산 관광단지 개발사업은 17년 동안 표류했고, 2015년에 지역사회를 들끓게 했던 터미널 복합개발사업은 지역의 반대를 넘어서지 못하고 결국 대전으로 갔다.

하지만 오늘의 광주는 다르다. '더현대 광주'가 '더현대 서울'보다 1.4배가 큰 규모로 착공에 들어갔다. 광주신세계 역시 '더 그레이트 광주'를 오픈하기 위해 박차를 가하고 있다. 어등산 관광단지는 2030년 개장을 목표로 절차가 순항 중이다. AI와 미래차산단 같은 가장 미래적이고 시의적절한 산업들이 광주를 움직이는 경제의 축이 됐다. 민주주의 가치는 이웃공동체를 지키는 돌봄 민주주의로 정착 중이다.

우려도 있고, 저항도 있다는 걸 잘 안다. 그러나 문제는 보완하면 되고, 난관은 해결점을 찾으면 된다. 더 큰 관점에서 보고, 미래 세대를 위한 큰 선택을 해야 한다. 그것이 유능함이고, 추진력이다. 해야 할 일을 하는 것이 책임 있는 정치인의 자세다. 광주의 변화를 진심으로 바란다면, 그 변화를 준비해온 사람, 광주의 기회를 만들어온 사람, 그리고 그 기회를 끝까지 미래로 연결할 사람의 손을 잡아달라고 말씀드리고 싶다.

나는 지금까지 그래온 것처럼, 앞으로도 진심을 다해, 전력을 다하겠다. '내일이 빛나는 기회도시'를 만들겠다는 약속, 그 약속을 지키고 행복한 광주를 만들겠다는 다짐. 그것이 내가 정치를 해온 이유이고 내 삶을 밀어온 동력이다.

나의 경험과 인맥, 정치적 경륜을 모두 쏟아부어 '부강한 도시 광주'를 만들 것이며, 부강한 광주는 AI로 완성될 것이다. 새로운 미래로 나아갈 문은 열렸다. 나는 그 문으로 걸어 들어가는 것을 두려워하거나 피하지 않겠다. 그 변화의 길에서 시민의 손을 잡고 뚜벅뚜벅 앞으로 나아가겠다.

2025년 12월

강기정

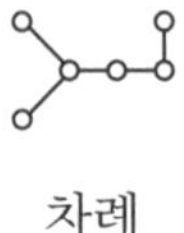

차례

01

광주는
달랐다

12·3 계엄이 터졌을 때 광주는 달랐다.
이재명 당시 민주당 대표가 국회로 달려갈 때
나는 시청으로 달려갔다.
시청을 폐쇄하라는 명령을 거부하고
비상계엄 무효를 선언했다.

나에게는, 우리 광주에겐
민주주의의 DNA가 있기에 가능했다.
유시민은 "강기정의 대응은
5월 유산 그 자체였다"고 평가했다.
이태원 참사를 '사고'가 아닌 '참사'로
맨 먼저 칭한 곳도 광주였다.

지난 3년 윤석열 정권 박해의 시간을 뚫고
광주에는 드디어 기회의 시간이 왔다.
광주는, 강기정은 이제부터 질주의 시간이다.

비상계엄의 밤

2024년 12월 3일. 그 밤을 떠올리면 지금도 가슴이 서늘해진다. 그날은 광주FC가 중국 원정 경기를 치르는 날이었다. 아시아축구연맹 챔피언스리그(ACLE) 선두 탈환에 도전하는 광주FC를 응원하러 아내는 상하이에 가 있었고, 나는 집에서 TV로 축구 경기를 보고 있었다.

그런 평범한 저녁에 청천벽력 같은 소식이 전해졌다.

비상계엄이라니….

그것도 현직 대통령이 군을 움직여 비상계엄을 선포하다니. 상황인식이 이 정도인 자가 국가의 최고 권력자 자리

12·3 계엄의 밤, 구청장들과 대책을 논의하다.
(2024.12.3.)

에 있었다니. 벌어진 일도 황당했고, 앞으로 벌어질 일들도 짐작이 되지 않았다.

어서 시청으로 가야겠다고 판단했다. 무슨 일이 생기더라도 광주시청이 본진이 되어야 할 테니까. 시청이 광주 시민의 중심이 되어 이 사태를 수습해 나가야 할 테니까. 문흥동에서 시청으로 향하는 익숙한 도로와 아직은 평온해 보이는 차창 밖 불빛들을 보면서 울분이 치솟았다.

'해야 할 일들이 쌓여 있고, 앞으로 가기도 바쁜 이 시대에 우리가 다시 독재와 싸우게 됐구나…!'

시청에 도착하자마자 부시장, 시민안전실장 등 4급 이
상 간부들과 첫 대책회의를 열었다. 정부는 시청사를 폐쇄
하라는 명령을 내려보냈지만 어림없었다. 광주에 무슨 일이
생기면 시청은 시민을 보호하고 함께 움직이는 곳 아닌가.
나는 즉시 시청을 개방하라고 지시하고 곧바로 민·관이 함
께하는 연석회의를 소집했다.

종교계 대표, 오월단체와 시민단체 관계자들, 대학총장,
구청장, 시의원, 언론계, 그리고 우리 공직자들이 테이블에
둘러앉았다. 급하게 붙인 회의 이름은 '헌법수호 비상계엄
무효선언 연석회의'였다.

"시장 강기정은 오늘 밤 마지막이 될지도 모릅니다. 우
리 광주는 시청사를 폐쇄하라는 윤석열 정부의 명령을
거부하고, 시청을 개방하겠습니다. 80년 5월을 승리로
이끌었던 광주 시민들은 지금의 이 상황을 결단코 용
납하지 않을 것입니다. 우리는 시민들과 함께 싸우겠
습니다."

연석회의를 시작하면서 마음이 숙연해졌다. 체포될지도
모르는 상황이었다. 저절로 1980년 5·18 당시 시민수습대

3일 밤, 전국 지자체 중 유일하게 시청에서 연석회의를 열고
'계엄무효·헌법수호'를 결의하다. (2024.12.3.)

책위원회가 떠올랐다. 시민들의 신뢰를 받던 윤공희 대주교, 조비오 신부, 김성용 신부, 정용화 목사, 홍남순 변호사, 이기홍 변호사와 송기숙 교수 등 지역 종교인과 법조인, 학계 인사들이 고루 참여했다.

무정부 상태나 다름없던 그때, 수습위원회는 광주 시민들의 구심점이 됐다. 계엄군과 협상을 벌이는 창구 역할을 했고, 평화적 해결의 모색자로서 투쟁의 중심에서 광주 시민들과 함께했다.

잊히지 않는 장면은 수습위원회가 나선 '죽음의 행진'이

다. 계엄군이 일시적으로 물러나 있던 5일 동안 수습위원회
는 시민군에게 자발적으로 총기를 회수하자고 설득했고, 식
량 배급과 부상자 치료 문제 등을 풀어냈다. 그런데 5월 26
일 밤 광주 외곽으로 일시적으로 물러났던 계엄군들이 탱크
를 앞세우고 광주 도심으로 재진입을 시도했다.

“광주를 피로 물들이지 말라!”

수습위원회 열일곱 분은 마지막 성명서를 남기고 맨몸
으로 탱크를 막아섰다. 모두 계엄군에 체포당했고 모진 고
초를 겪었는데, 목숨을 건 그날의 행진을 광주 시민들은 ‘죽
음의 행진’이라 부르며 오래도록 기억했다.

그런 광주의 기억이, 오월이 남긴 민주주의의 DNA가
한밤중 갑작스러운 비상사태로 시청에 모인 우리에게 그대
로 남아 있다는 사실이 놀라웠다. 우리는 일사천리로 광주
시가, 시민사회가 취해야 할 입장을 정리했다. 시민들이 받
을 충격을 최소화하고 민주주의의 역행을 막을 수 있는 즉
각적 조치가 필요했다.

담화문

존경하는 광주 시민 여러분!

윤석열 대통령은 12월 3일 22시 30분 비상계엄을 선포하였습니다.

하지만 이는 반헌법적이며 명백한 불법입니다. 절대 용납할 수 없는 일입니다.

오늘 우리는 시의회 의원, 시민사회단체·종교계·학계 지도자들이 긴급히 모여 〈헌법수호 비상계엄 무효선언 연석회의〉를 열고 다음과 같이 결정하였습니다.

첫째, 우리는 반헌법적 비상계엄은 무효임을 선언하며, 국회의 의결에 따라 즉각 해제하라.

둘째, 군경은 국민의 편에서 시민들을 보호하라.

셋째, 공직자들은 시민들의 안전한 일상을 지키는 데 최선을 다한다.

자랑스러운 광주 시민 여러분, 우리는 80년 학살자들을 응징하고 독재를 막아 민주주의를 활짝 꽃피웠습니다.

일순간 무너져버린 민주주의의 탑을 다시 하나, 둘 쌓아갑시다.

2024년 12월 4일

광주광역시장 강기정

연석회의는 윤석열의 비상계엄이 반헌법적이며 명백히 무효라는 분명한 입장을 밝혔다. 그리고 군경과 공직자들은 비상계엄에 맞서 시민을 보호해야 한다는 것, 또한 1980년 학살자에 맞서 싸우고 민주주의의 꽃을 활짝 피운 광주의 저력으로, 일순간 무너진 민주주의의 탑을 다시 쌓아 갈 것임을 천명했다. 심야의 기습처럼 벌어진 계엄의 밤에, 광주공동체는 그렇게 한 치의 망설임도 없이 모였고 결단했다. 나에게는, 광주에게는 민주주의 DNA가 있었기에 가능한 일이었다.

강기정의 대응은
5월 유산 그 자체였다

국회를 봉쇄하려는 무장 계엄군에 맞서 국회를 지키려는 국회의원과 보좌진, 사무처 직원들, 그리고 국회 밖에서 맨몸으로 계엄군에 저항하는 시민들 덕분에 날이 밝기도 전 국회 본회의장에서 계엄 해제 결의안이 가결됐다. 새벽녘에는 비상계엄이 해제되었다.

광주 시민들이 새벽부터 금남로 5·18 광장으로 모여들고 있다는 소식이 들려왔다. 아침 일찍 '광주시민비상시국대회'가 열리는 금남로 앞 분수대 광장으로 향했다. 이미 많은 시민들이 분수대 주변에 모여 있었다.

4일 아침, 5·18민주광장에서 열린 '광주시민 비상시국대회'에서
"윤석열의 불법계엄 포고령은 1980년 전두환의 계엄 포고령과
다를 바 없다"라며 규탄 연설을 하고 있다.(2024.12.4.)

왜 광주 시민을 이 아침에 분수대 광장 앞에 모이게 하는지, 계엄군의 총칼에 가족을 잃고 서로의 생사를 확인하던 이 자리에 왜 다시 서게 하는지, 울분이 치밀었다. 전두환의 부활을 막자, 성공한 쿠데타는 없다는 사실을 보여주자, 윤석열을 탄핵하자는 시민들의 외침이 결연했다.

나도 마이크를 잡고 외쳤다.

"이번 윤석열의 계엄은 80년 전두환의 계엄과 쌍둥이 계엄입니다. 하지만 우리 국민들의 힘으로, 광주의 정

신으로 계엄의 밤은 지나고, 심판의 시간, 책임의 시간
이 다가왔습니다."

그리고 강조했다. 밤사이 원화 가치가 급락하고 대한민
국 경제가 흔들리면서 우리의 민주주의가 위기에 처했지
만, 우리는 오늘 출근길에 나섰고 시민들은 일상을 지켜내
기 위해 애쓰고 있다고. 그러니 우리가 힘을 합쳐 헌법을 수
호하고 윤석열을 탄핵하며 책임자를 처벌할 때까지 함께 싸
우자고.

나중에 보도를 통해 알게 된 것이 있다. 12·3 계엄 직후,
지자체와 시민단체, 학계·종교계 지도자들과 연대하여 '헌
법수호 비상계엄 무효선언 연석회의'라는 민·관 전선을 구
축한 곳은 광주가 유일했다는 것이다.

노무현 대통령 추모일에 봉화마을에서 유시민 작가를
만났을 때도 같은 말씀을 들었다.

"광주만 잘했더라. 강기정 시장의 대응은 5월 유산을 물
려받은 그 자체였다!"

계엄이 터졌을 때 광주공동체의 대처가 이렇게 다를 수

전국에서 처음으로 '사고'를 '참사'로, '사망자'를 '희생자'로 바로잡고
분향소 명칭도 '이태원 참사 합동 분향소'로 정한 광주시.
영정에는 '사고사망자' 대신 국화를 넣어 애도의 마음을 담았다.

있었던 이유는 무엇일까. 왜 광주의 공직자와 시민사회, 그
리고 광주 시민들은 그처럼 민주주의의 매뉴얼을 펼쳐 놓은
듯한 대응을 할 수 있었을까.

그것은 1980년의 광주정신이 12월 3일, 민주주의의 위
기 순간에 자기도 모르는 사이에 되살아났기 때문이리라.
1980년 전두환의 비상계엄 포고령과 한 치도 다를 바 없는
'쌍둥이 포고령'을 본 순간, 이 사태를 막지 못한다면 어떤
참극이 벌어질지 광주 시민들은 누구보다 정확히 알고 있었

기 때문이리라. 우리에게, 그리고 내 안에 광주의 유산, 민주주의의 DNA가 살아 있었다는 사실이 새삼 고맙게 느껴졌다.

돌이켜보면, 언제나 광주는 달랐다. 이태원 참사가 발생했을 때 '사고' 대신 '참사'라는 표현을 가장 먼저 사용한 곳도 광주였다. 또한 '사망자 분향소'가 아니라 '희생자 분향소'로 이름을 바꿨다. 이어서 전국의 추모 공간들도 광주가 먼저 쓴 이름으로 바뀌기 시작했다. 사고에서 참사로, 사망자에서 희생자로.

언어가 바뀌자 시선이 달라지고, 시선이 달라지자 사태를 바라보는 공동체의 태도도 달라졌다. 민주주의란 결국 그렇게 세상을 바라보는 방식, 세상일을 판단하는 기준 곳곳에서 그 가치를 드러내는 일이다. 어떤 사건 앞에서만 갑자기 등장하는 것이 아니라, 일상의 언어와 행동 속에서 차곡차곡 이어져온 역사이다.

고맙고 기쁘다!
한강 작가의 노벨문학상

지난해 가을, 한 식당에서 저녁을 먹다가 한강 작가가 노벨문학상을 받았다는 뉴스를 보았다. 살다 보면 이렇게 뜻밖의 선물 같은 일들이 찾아오기도 하는구나 싶었다. 기적 같기도 하고, 광주로 보내진 축복 같기도 한 소식이었다. 참으로 기쁘고, 자랑스럽고, 고마웠다.

그 주 주말, 무등산을 오르며 한강 작가에게 이 고마움을 어떻게 전하면 좋을지 생각했다. 나만의 감정이 아니라 광주 시민들도 비슷한 마음이 아닐까 하는 생각이 들었다. 그래서 '우리 광주의 마음'을 전하는 방식이 있으면 좋겠다 싶었

다. 커다란 엽서처럼 도시가 한목소리로 전할 수 있는 인사
말이다. 그렇게 전일빌딩245 외벽에 대형 현수막을 걸었다.

"한강! 고맙다! 기쁘다! 5월, 이제는 세계정신!"

소년 동호가 시신 수습을 돕던 상무대와 멀지 않고,《소
년이 온다》의 인물들이 늘 바라보았을 분수대가 내려다보이
는 바로 그 자리에 시민의 마음을 담아 그 현수막을 걸었다.

알다시피 한강 작가는 1970년 광주에서 태어나 광주에
서 유년기를 보냈다. 5·18이 일어나기 직전에 광주를 떠났
지만, 광주에서 일어난 일들을 다 전해 들었다고 한다. 광주
에 친인척들이 다 살고 계셨으니 당연히 그러지 않았겠는가.

인간으로서는 상상할 수 없는 일들이 광주에서 일어났
고, 인간다움을 지키기 위해 죽어간 이들이 있다는 것도 알
게 된 작가는 어느 날 아버지 한승원 작가의 서가에 꽂혀 있
던 사진첩을 봤다고 했다. 총칼에 일그러지고 부서진 광주
사람들, 무참히 짓이겨진 광주 사람들의 모습이 작가의 마
음에 깊이 새겨졌다. 그리고 세월이 흘러《소년이 온다》라
는 작품에 담기게 된다.

사실 문학을 잘 아는 편은 아니지만,《소년이 온다》를 읽

1980년 5월 광주의 아픔을 지켜본 전일빌딩245 외벽에 걸린
한강 작가 노벨문학상 수상 축하 현수막(2024.10.12.)

으면서 내가 경험했던 광주, 나의 가족과 친구들이 겪었던 광주를 소설 속 광주와 비교해보곤 했다. 그러면서 깨달았다. 한강 작가의 이 소설은 광주의 분노나 상처만을 다루고 있지 않다는 것을.

《소년이 온다》에는 광주에서 5월 그 일이 있기 전부터 세상을 조금이라도 더 나은 방향으로 바꾸고 싶어 했던 사람들의 모습이 다양한 결로 담겨 있다. 상무관에서 시신을 수습하고 장례를 돕던 열다섯 살 소년 동호를 비롯해 당시 광주에 살던 사람들, 광주를 짓밟던 이들의 이야기까지도 세

필처럼 섬세한 터치로, 진중하고 묵직한 질문들로 담아냈다.

인간은 왜 그러한 일들을 하고, 또 그러한 일들을 하지 못하는가. 왜 어떤 순간에는 삶과 죽음의 경계조차도 없어지고, 죽은 자보다 살아남은 자들의 고통이 더 극심해지는 것인가. 정치적인 올바름을 넘어서 인간 자체에 대한 근원적 질문들로 가득 차 있는 이 소설은 광주 사람이든, 광주 사람이 아니든, 세상 어느 곳에 살고 있든 간에 귀를 기울일 수밖에 없는 인간 본질의 문제를 묻는다.

그래서 생각했다.

'아 , 한강 작가는 광주에 선물을 준 동시에 숙제도 남겼구나.'

문학평론가 신형철 선생의 말처럼 《소년이 온다》는 한강 작가의 뛰어난 역량에 광주가 가진 정서와 힘이 결합해 탄생한 문학임에 틀림없다. 그리고 왜곡과 폄훼로 분열된 5·18을 통합하는, 그래서 광주가 한 발 더 앞으로 나아가도록 길을 연 작품이라는 점도 분명하다.

동시에, 작가의 말처럼 5·18을 이해하는 '진입로'이기도 하다. 전국의 많은 이들이, 세계의 많은 사람들이 자국의 언어로 번역된 《소년이 온다》를 읽으며 광주를 만나고, 광주에서 일어났던 일들을 알게 될 것이다. 광주를 제대로 몰

밤 12시, 시청 시민홀에서 한강 작가의 노벨문학상 수상
축하행사를 열다.(2024.12.11.)

랐던 다른 지역의 사람들과 젊은 세대들도 이 책을 통해 광
주와 연결될 것이다.

그래서 광주가 풀어야 할 숙제가 생겼다.《소년이 온다》
를 통해 1980년 5월, 고립되고 외로웠던 광주가 사람들과
세상으로 연결되는 시점에서 이제 광주는 고유명사를 넘어
무언가를 상징하는 보통명사가 될 것이다. 보통명사인 광주
는 어떤 도시가 되어야 하는가.

그 어두운 계엄의 밤, 국회 안팎에서 벌어진 기적 같은
일들을 생각해보라. 그 야심한 시각, 어떻게 그 많은 시민들

이 국회로 달려와 맨몸으로 계엄군을 막아설 수 있었을까. 그 안에 광주가 있었기 때문이다.

국회 보좌진, 직원, 당직자들은 어떻게 무장 군인에 맞서 책상과 집기로 바리케이드를 치고 민주주의의 마지막 보루를 지켜낼 수 있었을까. 추위를 무릅쓰고 거리로 나와 무법한 권력자들의 탄핵소추를 외치던 그 많은 시민들의 용기는 어디서 비롯되었을까. 역시 광주다.

1980년의 광주가 오늘의 대한민국을 살린 것이다. 그때 민주주의를 지키기 위해 죽어간 광주 사람들이 2024년의 우리를 구한 것이다. 작가의 그 말들은 단순한 문학적 수사가 아니라, 시간을 뛰어넘어 우리 가슴으로 전해진 메시지였고 울림이었다.

사라진 것도 없고, 무용한 것도 없다.

광주의 그날들은 죽지도, 없어지지도 않고 오늘을 지켰다.

그래서 광주는 이제 스스로에게 물어야 한다. 전국화, 세계화, 그다음은 무엇인지, 5·18 정신의 헌법 전문 수록, 그다음은 무엇인지, 그런 광주이기에 지금의 광주는 어떻다는 것인지를 말이다.

인정 욕구를 넘어, 광주는 어떻게 민주주의의 가치를 확장해 나갈 것인가. 그리고 그 가치가 광주의 삶과 일상을 어떻게 변화시킬 것인가. 그리하여 광주는 어떤 도시가 되어야 하는가.

그 물음이 바로 한강 작가가 우리 광주에게 준 선물이자 숙제라는 생각이 든다. 민주화의 가치가 이념 갈등의 영역에만 갇혀 있어서도, 거대담론으로만 남아서도 안 되기 때문이다.

눈부시다! 응원봉과 선결제,
빛의 혁명 광주

제주항공 여객기 참사와 불법 계엄으로 인해, 광주의 자매도시인 미국 샌안토니오시에서 열리는 '드림위크 2025' 개막식 기조연설을 현지에서 하지 못하고 온라인으로 대신하게 됐다. '드림위크'는 미국 인권운동가 마틴 루터 킹 목사가 강조한 관용·평등·다양성 등의 가치를 계승하고, 정의·환경·교육·기술 등 세계적 의제를 함께 논의하는 소통의 장이다.

이미 뉴스를 통해 한국의 계엄 상황을 알고 있을 미국 시민들에게, 1980년 광주의 이야기와 그 연장선상에서 민주주의 회복에 나선 시민들의 이야기를 들려줘야겠다고 생각했다.

2024년 12월 3일 밤, 기습적으로 비상계엄이 선포되자 사회관계망서비스(SNS)로 소식을 접한 시민들이 계엄군보다 빠르게 국회로 달려와 맨몸으로 장갑차와 계엄군을 막아섰다는 사실, 그리고 담을 넘어 국회로 들어간 190명의 국회의원들이 불과 2시간 만에 계엄 해제를 의결하며, 민주주의 회복의 첫 단계를 밟았던 일을 전했다.

또한 불법적인 비상계엄으로 나라를 뒤흔든 대통령을 탄핵하고 그에 동조한 내란 세력의 처벌을 요구하는 시민들이 추위를 무릅쓰고 거리로 쏟아져 나와 '축제 같은 시위'를 이어가고 있다는 사실도 소개했다.

시위 현장에서는 K-POP 음악에 맞춰 수천 개의 응원봉이 빛을 발했고, 은박담요를 두른 채 시험공부를 하는 청년들이 많았다는 사실도 들려주었다. 또한 현장에 동참하지 못하는 시민들은 인근 식당과 카페에 음식과 커피를 선결제해 두고, 몸을 녹일 난방차를 보내 서로를 지원해주었다는 사실도 전했다.

그리고 이 놀라운 시민적 에너지가 1980년 광주의 경험과 깊은 연관이 있음을 강조했다. 1980년 5월 광주에서는 계엄군이 시민을 향해 총을 겨누었고, 수백 명의 시민이

미국 샌안토니오시에서 열린
'드림위크 2025' 개막식 기조연설에서,
'빛의 혁명'을 소개하다.(2025.1.11.)

목숨을 잃었다. 지금처럼 SNS가 없던 그 시절, 언론도, 외부와의 소통도 완벽히 차단되어 철저히 고립됐던 광주 시민들은 주먹밥과 피를 나누었고, 밤이면 광장에 모여 서로의 생사를 확인하며 대책을 논의했다고 했다.

1980년의 광주는 대한민국에 '절대 공동체'라는 이데아를 보여주었고, '국가는 결코 국민을 향해 총을 들어서는 안 된다'라는 교훈을 남겼다. 이 대목을 전할 때는 눈시울이 뜨거워졌다.

그러면서 한강 작가의 표현을 빌었다. 과거의 광주가 현

80년 5월의 횃불은 응원봉이 되어

재의 대한민국을 도왔다고. 광주의 횃불은 오늘의 응원봉으로, 주먹밥은 선결제와 난방차로 다시 태어났다고.

1980년 고립되고 외로웠던 광주가 세계 속의 민주·인권·평화 도시로 꽃필 수 있었던 것은, 민주주의와 평화를 사랑하는 전 세계 이웃들의 연대 덕분이라는 인사도 잊지 않았다. 대한민국이 창의적이고 평화로운 민주주의 혁명을 성공시켜, 한국 민주주의의 해피엔딩을 써내려갈 수 있도록 응원해달라는 당부도 했다.

나의 기조연설이 끝나자, 론 니렌버그 샌안토니오 시장

은 "대한민국과 광주가 겪고 있는 계엄령 관련 최근 혼란에 대해 잘 알고 있다"며, "민주주의의 보루이자 세계적으로 알려진 평화의 도시 광주 시민들이 보여준 연대와 단결은 깊은 영감을 준다"고 화답했다.

'드림위크 2025'를 주최한 쇼카레 낙포디아 드림보이스 대표 역시 "강 시장의 연설에 감사드린다"며 "대한민국의 빛의 혁명은 강렬하고 영감을 주는 움직임이다. 광주의 민주정신이 더욱 확장될 것으로 기대하며, 향후 행사에서도 광주의 지속적인 참여를 고대한다"고 소감을 전했다.

기조연설을 준비하는 동안 참 다행스럽다는 마음이 든 것은, 대한민국이 놀라운 민주주의 회복력을 갖고 있다는 사실과 이 위기마저 문화적으로 극복해 나가고 있다는 사실이었다. 광주 집회도 그렇고, 여의도 주말 집회도 마찬가지다. 시위 참가자들의 시위 문화가 완전히 바뀌었다. 광장의 얼굴이 달라졌다고나 할까.

어둠을 밝히는 형형색색의 야광 응원봉은 신선한 충격 그 자체였다. 아이돌 공연장에서나 보던 응원봉이 시위 현장을 아름다운 빛으로 가득 채웠다. 흘러나오는 노래도 다채롭다. 익숙한 가요가 들려서 물어보니 신해철의 〈그대에게〉와 소녀시대의 〈다시 만난 세계〉라고 했다. 아이유의 노래와 BTS의 노래도 함께 부른다. 춤을 추기도 하고, 휴대전화 화면에 가수 이름을 띄우기도 한다. 광장은 민주 콘서트가 열린 것 같았다.

1980년 광주에서 타오르던 횃불이 LED 촛불이 되고, 주먹밥을 나누던 모습은 선결제 문화로 대체되었다. 처절한데 처절하지 않다. 무거운데 무겁지 않다. 자유롭고 경쾌하기에, 오히려 이 광장의 주인이 바로 이들이라는 사실이 더욱 생생하게 다가온다.

시위 현장에서도, 무안공항에서도 선결제는 하나의 새로운 문화가 된 듯하다. 동참하지는 못하지만 응원의 마음, 연대의 마음을 전하는 새로운 방식이다.

형식이 발랄해졌을 뿐, 불의에 맞서고 민주주의를 지키겠다는 정신은 다르지 않다. 어둡고 처절한 국면에서 밝은 노래를 부르고 춤을 출 수 있는 그들의 경쾌함이 부럽기까지 하다. 아, 우리 세대는 이 새롭고 신박한 시위 문화에서 감동마저 느낀다.

대통령 탄핵에 나선 대한민국의 시위 문화는 K-POP에 이은 'K-민주주의'로 불리며 전 세계 사람들에게 신선한 충격을 주고 있다. 프랑스《르 몽드》지는 "윤 대통령은 자신의 국회를 만들려 했으나, 거리의 청년들은 자신들의 빛으로 새

공화국을 세웠다"고 새로운 시위 문화를 보도했다.

BBC와 CNN도 "한국의 민주주의가 대중문화의 언어로 자기 갱신을 이뤘다"고 전했고, 《가디언》지는 "한국 시민들이 응원봉과 LED 촛불로 계엄에 맞섰다. 그들은 군인이 아닌 팬덤으로 저항했다"고 보도했다.

불법 계엄이라는 비상 국면에서, 우리 민주주의의 취약성과 놀라운 회복력이 동시에 드러나고 있는 것만 같다.

윤석열 정권을 견디다

"오늘은 탄핵 선고 기일이 발표될까?"

"오늘은 마은혁 재판관이 임명될까?"

"오늘은 또 어떤 속보가 우리를 놀라게 할까?"

탄핵소추안이 국회를 통과하고 헌재로 공이 넘어간 이
후, 새롭게 등장한 사회적 질병이 있다. 바로 '내란성 질환',
'내란성 고통'이다.

'내란성 두통', '내란성 불면증', '내란성 소화불량'.

늘 머리가 아프고, 소화가 안 되고, 잠을 못 자고, 좋아

출·퇴근길에 금남로에서 1인 시위를 하다.
(2025.3.10.)

하던 음식도 맛없고, 취미에도 집중할 수 없다는 사람들이 천지다. 모임도 싫고, 옷을 차려입기도 싫다고들 한다. 잠을 자다가도 수시로 휴대전화를 확인하고 한숨을 쉰다고도 한다. 이른바 내란성 질환에 노출된 이들이 서로의 고통을 확인할 때만 잠깐 헛웃음이 나온다고 한다. 살다 살다 이런 질병을 앓게 될 줄이야.

내란성 질병에서 조금이라도 빨리 탈출하겠다는 일념으

로, 퇴근 후와 출근 전에 '윤석열 파면' 피켓을 들고 1인 시위에 나섰다. 답답함을 넘어 '국가 존망의 위기'까지 느끼고 있는 시민들의 마음을, 시장인 나라도 대변해야겠다고 생각했기 때문이다.

현실적으로도 시민들의 고통은 가중되고 있었다. 지역으로 내려올수록 고통의 크기는 더 커진다. 연말 특수를 기대했던 식당가에서는 곡소리가 난다. 즐거운 연말 모임 대신 거리 집회로 발길을 돌리는 사람들이 많고, 집회에는 못 가더라도 웃으며 송년 모임을 할 엄두가 나지 않기 때문이다.

원·달러 환율은 치솟고, 주식시장의 변동성은 커졌다. 비상계엄과 탄핵 정국으로 이어진 정치적 불확실성이 짙어지면서 소비자심리지수(CCSI)는 팬데믹 때 수준으로 돌아갔다.

국제 신용평가사 무디스는 "한국의 정치적 긴장과 경제활동 지장이 장기화하면 신용도에 부정적 영향을 줄 것"이라고 경고했고, 《포브스》지는 "윤석열 대통령의 이기적인 계엄 사태에 대한 비싼 대가는 한국의 5,100만 국민이 긴 시간에 걸쳐 분할해 치르게 될 것"이라고 직격탄을 날렸다.

'K-팝', 'K-드라마', 'K-푸드' 등으로 문화 강국의 위상을 떨치던 상황에서, 군대를 동원한 후진적 불법 계엄 장면이

전 세계로 전파됐다. 공든 탑을 무너뜨리는 것도 모자라, 미국의 새 정부와 대화할 협상 파트너마저 없는 상황이 됐다.

지역의 피해는 말할 것도 없다. 지역으로 내려와야 할 예산들이 집행 직전에 줄줄이 묶였다. 광주의 현안 사업들도 모두 멈췄다. 너무나 중요한 일들이 너무나 어이없게 무너지고 있다.

광주의 'AI 2단계 사업'은 예타 면제 직전에 발이 묶였다. 예타 면제가 되더라도 정부의 예산을 확보하고 사업계획 적정성 검토 절차를 거쳐야 하는 점을 감안하면 단 하루라도 신속하게 진행되는 것이 광주에도, 국가에도 손실을 줄이는 일인데, 답답한 노릇이었다.

'광주상생카드' 역시 국비 지원이 막혔다. 가뜩이나 어려운 민생경제에 활기를 불어넣기 위해 만든 것인데 난감했다. 고민 끝에 시와 구청의 예산을 함께 투입해 사업을 이어갔다. 1월과 2월에는 특별 추가 할인을 실시해서 시민들의 숨통을 틔우게 했다. 그러나 이러한 방식에는 분명 한계가 있었다. 지속적인 운영을 위해서는 슈퍼 추경을 통해 국비 지원이 재개되고, 관련 제도의 법적 기반을 마련하는 일이 절실한 상황이었다.

'광주~대구 달빛내륙철도 건설 사업' 또한 기재부에 예

타 면제 요구서를 제출한 이후 진행이 되지 않는 상황이었
다. 당초 계획대로라면 이미 기본계획 수립 절차에 들어가
야 하지만 안개정국이 되어버렸다.

'광주 도시철도 2호선' 또한 올해 국비 예산 2,100억 원
중 약 715억 원가량이 아직 확보되지 않은 상황이었다. 예
산이 제때 반영되지 않으면 하반기 공사 추진에 차질이 생
길 수 있어 우려가 컸다.

여기에 헌법재판소의 결정이 계속 미뤄지는 문제도 더
해졌다. 이 지연은 단순히 시간이 늘어나는 차원을 넘어, 국
민들의 삶과 미래 계획을 늦추고, 특히 우리 광주 발전에는
상당한 손실로 이어질 수 있다는 점에서 고민이 깊어졌다.
이러한 이유로 나는 1인 시위를 비롯해 다양한 언로를 통해
헌법재판소가 조속한 결정을 내려 대한민국이, 그리고 광주
가 앞으로 나아갈 수 있도록 해야 한다고 호소했다.

또 하나의 긴장은, 이렇게 중앙정부의 역할이 제한될 때,
지역 주민과 직접 맞닿아 있는 지방정부와 공공기관의 역할
과 책임이 더 커질 수밖에 없다는 사실을 절실히 깨닫게 된
점이었다.

국회 개원 이래
첫 광주의 날

2024년 9월에는 '국회, 광주의 날'을 개막했다. 국회에서 '지자체의 날'이 개최된 것은 국회 역사상 최초였다. 지방정부와 국회, 정당 간 협력 시스템을 단단히 하기 위한 새로운 지방분권 시대의 모델을 만든 것이다.

사실 정당에게는 '정책 실증의 장'으로서 광주가 필요하고, 광주는 국회의 입법권·예산권의 도움이 절실한 상황이다. 협약을 통해 서로 시너지를 내는 정책 파트너가 된다면 윈윈이다.

의원 시절에 늘 드나들던 국회였지만 그날의 기분은 달

랐다. 국회를 알고, 지방을 알기에 이 자리에 서 있다는 생각이 들었다. 그만큼 '국회, 광주의 날'은 그 자체로 전례 없는 실험이었기 때문이다.

'국회, 광주의 날'은 단순한 지역 홍보의 장이 아니다. 지방정부와 국회, 정당이 새로운 협업 모델을 만드는 출발점으로 설계를 했다. 지방자치 30년을 앞두고, 지방분권을 말로만이 아니라 실제 제도와 예산, 법으로 풀어내기 위한 상징적 첫 시도이기도 했다.

행사의 준비는 8월부터 시작했다. 광주의 핵심 현안을 여야와 국회에 입체적으로 알리는 것을 목표로 삼았기에 각 정당과의 정책협약, '팀광주' 국회의원 위촉, 정책토론회, 광주정책 전시관, 비엔날레와 김치축제 홍보관, 국회의장 캐스퍼 전기차 탑승식까지 촘촘한 일정표를 만들었다.

행사의 상징적 장면 중 하나는 '캐스퍼 EV 탑승식'이었다. 광주형 상생일자리를 통해 생산된 GGM 1호 캐스퍼는 문재인 대통령이 구매를 해주셨다. 광주글로벌모터스가 생산한 캐스퍼 EV는 우원식 국회의장께서 해주셨다.

우원식 국회의장과 내가 함께 캐스퍼 EV에 탑승해 국회의원회관 주변을 주행하는 행사는 '국회, 광주의 날' 하이라이트가 됐다. 단순한 시승 행사가 아니라, 광주형 일자리와

'국회, 광주의 날' 캐스퍼 EV 첫 구매 기념,
우원식 의장과 시승 후 국회 한 바퀴

전기차 산업이 국회와 연결되는 상징적 장면이었다.

행사장 안팎에서는 광주를 경험하는 다양한 장면들이 이어졌다. 의원회관 로비 전시관에는 광주정책 전시 패널과 함께 캐스퍼 EV 실물이 전시되었고, 관람객들은 인공지능, 미래 모빌리티, 통합돌봄 정책 설명을 들으며 부스를 둘러보았다.

옆 부스에서는 광주비엔날레와 광주김치축제, 광주식품대전 등 G-페스타 프로그램이 소개되었다. 비엔날레의 주제, 김치와 식품 산업의 방향, 도시 축제의 구성 등이 국회

방문객과 보좌진, 기자들에게 전달되었다.

무대는 국회의원회관 2층 로비와 각 회의실, 그리고 야외 공간까지 이어졌다. 의원회관 로비에는 '광주 정책전시관'이 들어섰다. 인공지능(AI) 실증밸리와 미래 모빌리티, '광주다움 통합돌봄' 등 우리가 몇 년 동안 밀고온 도시 전략을 패널과 모형, 영상으로 풀어냈다.

9월 2일 오전, 개막식이 시작되자 분위기는 금세 달아올랐다. 국회의장 우원식, 더불어민주당 이재명 대표, 국민의힘 김상훈 정책위의장, 조국혁신당 조국 대표 등 여야를 막론한 지도부가 한자리에 섰다.

광주 지역구와 연고 국회의원들도 대거 참석했고, 국회 관계자와 시민, 언론까지 많은 분들이 행사장을 채워주었다. 나는 개막 인사를 통해 이 행사가 특정 정당의 자리가 아니라, 국회와 정당, 지방정부가 한몸이 되어 국가적 현안과 민생을 함께 풀어가는 출발점이 되기를 바란다고 강조했다.

행사의 첫 축은 정당과의 정책 연대였다. 첫날 우리는 더불어민주당 및 조국혁신당과 각각 정책 협약을 맺었다. 기후 대응, 산업, 돌봄·복지, 주거·도시 분야에서 광주가 추진하는 정책과 국가 차원의 과제를 함께 담아내는 내용이었다.

당시 여당인 국민의힘과는 정책 협약 대신 광주의 주요

국회 역사상 최초로 '국회, 광주의 날' 열리다.(2024.9.2.~9.3.)

이재명 당대표에게 미래도시 광주 비전을 설명하다.(2024.9.2.)

현안과 정책 요구를 정리한 자료를 공식 전달했다. 광주는 정당별로 다른 방식의 협력 구조를 택했지만, 공통된 목표는 분명했다. 광주의 의제가 지역 차원을 넘어 국가 정책으로 연결되도록 국회와 당이 함께 움직이게 만드는 것이었다.

둘째 축은 '팀광주 국회의원' 구성이었다. 우리는 지역구 의원뿐 아니라, 광주에 지역구가 없는 국회 상임위 의원들까지 아우르는 새로운 개념의 '제2 지역구 의원'을 제안했다. 광주시는 민·군 통합공항 이전, 광주형 일자리 고도화, 2045 탄소중립 같은 현안 해결을 위해 국방위원회와 환경노동위원회 소속 의원 6명을 '팀광주 의원'으로 위촉하고, 이들에게 광주 명예시민증을 수여하기로 했다. 위촉식은 9월 2일 국회에서 열렸고, 광주는 이들을 광주의 제도 개선과 예산, 법안 지원을 함께 논의하는 상시 파트너로 삼겠다는 뜻을 밝혔다.

국회와의 정책 소통은 토론회와 포럼으로 이어졌다. 행사 기간 의원회관 회의실에서는 연달아 정책토론회가 열렸다. 2단계 AX실증밸리 사업을 통한 미래 발전 전략, 자동차 부품 재제조 순환경제허브 조성, '누구나 돌봄 시대'를 위한 지역 돌봄 통합 지원, 영호남 군공항 이전의 한계와 대책 등이 주요 주제로 다뤄졌다.

'국회, 광주의 날', 김민석 국회의원을
팀광주 위원으로 위촉하다.

특히 둘째 날에는 '자동차부품 재제조 순환경제허브 기술포럼'에서 광주 자동차부품 순환경제허브 조성 계획을 공식 발표했고, 과학기술정보통신부와 함께 AI 실증밸리 확산 사업을 주제로 한 공동 정책토론회도 열었다. 이 토론회들에서는 광주의 현안을 넘어 국가 산업 구조 전환, 지역 균형발전, 기후위기 대응을 어떻게 결합할 것인지에 대한 논의가 집중되었다.

정치 일정 못지않게 우리는 기업인들과 만나는 데 많은 시간을 쏟았다. '국회, 광주의 날' 둘째 날에는 투자유치 기업 초청 간담회가 열려, 광주에 투자를 결정했거나 검토 중인 기업인들과 AI, 모빌리티 등 신산업 분야 협력에 대해 논의했다.

광주 연고 국회의원 초청 간담회도 마련해, 개별 현안을 하나씩 짚어가며 입법·예산 전략을 상의했다. 또, 국립 5·18민주묘지를 찾아 국화 1,000송이를 헌화한 개혁신당에 감사 현판을 전달하는 일정도 포함했다. 이는 5·18의 가치와 '오월 동행'을 국회에서 다시 한번 상기시키는 자리로 보도되었다.

행사 전후로 언론의 평가도 이어졌다. 중앙 일간지는 '국회, 광주의 날'을 "국회와 정당, 지방자치단체 간 협력 시스템을 통한 새로운 지방분권 모델"로 소개했고, 전국 지자체 중 처음 시도된 사례라고 전했다.

다른 매체는 "국회의 날 행사에 수백 명이 참관해 호평을 받았다"고 보도하며, 여야 지도부와 다수 의원이 함께 광주 현안을 논의한 점을 강조했다.

지역 언론은 "광주가 국회와 정당, 지방정부 간 새로운 협업 모델을 마련하는 계기를 만들었다"는 점을 부각하며, 기후·산업·돌봄·주거 분야 정책협약과 '팀광주' 의원 위촉, 각종 정책 토론회를 구체적으로 보도했다.

한 신문에서는 이 행사를 "광주의 정책을 전국화하는 촉매"가 될 것이라고 평가했다. 우리가 의도했던 것도 바로 그것이었다. 광주만을 위한 예산과 법이 아니라, 광주에서 시작한 모델이 대한민국 전체를 바꾸는 사례가 되는 것, 그것이 "광주가 온다, 대한민국이 달라진다"라는 슬로건에 담긴 뜻이었다.

정치의 현장은 언제나 계산과 이해관계의 충돌로 가득 차 있지만, 이틀 동안 국회에서 이어진 '광주의 날'은 분명 다른 결을 보여주었다. 광주는 행사를 통해 국회와 정당, 정부 부처, 기업, 시민사회와의 접점을 촘촘히 엮었다. 우리는 기후대응, 산업전환, 돌봄과 복지, 주거와 도시, 군공항 이전과 탄소중립이라는, 서로 다른 의제들을 하나의 도시 전략으로 묶어 국회 앞에 내놓았다.

그리고 여야를 가리지 않는 '팀광주' 의원들을 통해, 그 전략이 국회 안에서 지속적으로 다뤄질 수 있는 통로를 만들었다.

돌아보면, 2024년 9월의 '국회, 광주의 날'은 하나의 이벤트가 아니라 지방정부가 중앙정치의 문법을 바꿔보려는 시도였다. 지방정부는 예산을 요청하고 법안을 청원하는 수동적 존재로 머물 수 없다. 우리는 국회 한복판에 광주의 정책과 축제, 산업과 역사, 시민의 삶을 그대로 펼쳐 보임으로써, 지방이 스스로 국가 의제를 설계하는 주체가 될 수 있음을 보여주고자 했다.

그 이틀 동안 국회는 잠시, 광주의 중앙청사와도 같아졌고, 나는 그 공간 한가운데서 지방정부와 국회가 함께 쓴 새로운 협력의 한 페이지를 확인할 수 있었다.

그렇다. 익숙한 방식에서 벗어나면 수만 개의 아이디어가 솟구친다. 공기를 바꾸고, 흐름을 바꾸는 모든 일에 박수를 보낸다. 제자리에 서 있는 광주가 아니라 더 적극적이고, 더 활달하며, 더 깊게 다가서는 광주가 되어도 좋은 것이다.

'주간 여의도 집무실'을
열다

문재인 대선 캠프 종합상황실장을 맡았을 때, '8·8·3·1 대선 공약'을 만든 경험이 있다. 8개는 광주 공약, 8개는 전남 공약, 공통 공약 3개, 그리고 광주~대구 달빛내륙철도 공약 1개를 포함한 대선 공약이었다. 이후 청와대 정무수석으로 일하면서 보니, 대통령 후보의 지역 대선 공약이 얼마나 중요한 일인지 더 확실히 알게 되었다.

대선 국면에서 발표된 지역 공약을 국정과제로 끌어올리는 일은, 그 지역의 향후 10년을 좌우한다. 대선 공약이 국정과제가 된다는 것은 국가의 관리와 예산 속에 포함된다는

21대 대통령 선거에서 광주공약을 제안하다.

의미이기 때문이다. 그래서 대선 국면에서 지자체장은 자신의 선거 때보다 더 열심히 뛰어야 한다. 그래야 지역의 다음 10년 먹거리를 준비할 수 있기 때문이다.

그 어느 때보다 긴박하게 돌아갈 21대 대선 시계에 맞춰, 나는 여의도에 '주간 집무실'을 열었다. 중앙 정치권과의 접점을 상시화해 광주의 미래 10년 먹거리를 담은 대선 공약으로 만들고, 차기 국정과제로 확정하기 위한 선택이었다. 두 달이라는 짧은 대선 레이스를 떠올리니, '광주 미래'로 세팅된 스톱워치가 째깍째깍 돌아가는 기분이 들었다.

정치판에서 대선은 큰 장이 서는 것과 같다. 그 타이밍을 놓치면, 지역 발전은 다시 긴 대기 시간을 감내해야 하고, 미래로 향한 발목이 붙들릴 수 있다. 주간 여의도 집무실은 바로 그 중차대한 일을 해낼 사실상의 '현장 본부'였다.

지역 입장에서도 미래를 좌우할 중요한 시기였지만, 대선 주자들 입장에서도 지방이 스스로의 미래를 고민하고 준비해 올리는 정책들은 반가울 수밖에 없다. 중앙과 지방은 기획과 예산 투입, 실행을 함께 책임지는 파트너이기 때문이다.

나는 시정 업무에 지장이 없도록 일정을 조정한 뒤 매주 수요일, 필요하면 목요일까지 여의도에서 집무를 봤다. 최소 인력으로 운영했지만, 계획적이고 속도감 있게 대선 정국에서 반드시 해야 할 일들을 돌파해 나가기 위해서였다.

광주 공약의 핵심은 AI 모델시티, 미래 모빌리티 신도시, 분산에너지 허브, 아시아문화중심도시 업그레이드, 달빛철도, 서남권 관문공항 등이었다. 인공지능(AI), 지속 성장, 초광역 단위 국가사업 등 분야별 15대 과제를 달성하기 위한 81조 원 규모의 예산안이 담겼다. AI 분야에는 24조 2,000억 원 규모의 4대 과제 14개 사업이, 지속 성장 분야에는 53조 2,000억 원 규모의 4대 과제 10개 사업이 포함되었다.

주간 여의도 집무실을 연 첫날인 4월 16일에는 원내 5개 정당의 정책위 의장들을 잇달아 만나는 일정으로 하루를 시작했다.

첫 번째 만남은 더불어민주당 진성준 정책위 의장이었다. 진 의장에게 광주시의 제21대 대통령 선거 공약인 '광주의 제안'을 전달하고 기념 촬영을 했다. 'AI 도시 구축', '초거대 컴퓨팅AI센터 설치' 등 주요 공약을 브리핑하며 그 의미와 필요성을 직접 설명했다.

나는 광주가 대한민국의 새로운 성장축이자 미래산업의 중심지가 될 것임을 역설했다. 단순한 주장이나 희망이 아니라, 충분한 근거와 데이터에 기반한 확신이었다. 진 의장도 그 점에 깊이 공감했다.

이어 국민의힘 김상훈 정책위 의장을 만나 대통령 선거 공약안을 전달했고, 이튿날에는 조국혁신당과 진보당 관계자들을 만나 광주의 대선 공약을 설명했다.

몸은 피곤했지만 여의도 집무실을 오가는 길은 늘 설렘으로 가득했다. 계엄으로 멈춰 있던 정치의 시계가 다시 움직이고 있었고, 민주정부 수립이라는 국민의 염원이 눈앞으로 다가오는 듯했기 때문이다.

시장이 직접 여의도 집무실을 열고 중앙 정치권을 찾아

다니는 이유는 단순하다. 광주의 지역 현안을 도와달라고 요청하기 위해서가 아니라, '광주의 어젠다가 곧 국가의 어젠다'임을 설득하기 위해서였다. 그래야만 광주의 과제가 선거 담론에서 후순위로 밀리지 않는다. 광주가 들고 간 공약들은 단순히 한 도시의 사업이 아니라, 대한민국의 균형발전과 새로운 성장 구조를 전제로 한 국가적 비전이었다. 기획은 광주가 하고, 집행과 지원은 중앙이 맡으며, 실행은 다시 광주가 책임지는 구조, 그것이 진정한 정책 협력의 모델이다.

분명한 목표를 세우고 운영한 주간 여의도 집무실의 성과는 기대 이상이었다. 국회의원 3선, 청와대 정무수석, 더불어민주당 정책위 의장을 지내며 그동안 쌓아온 정치적 경험과 인맥을 총동원했다. 무엇보다 광주의 절실함을 꾸밈없이 전달했고, 진심으로 설득해냈다.

다행히도 더불어민주당 이재명 후보를 비롯해 김경수, 김동연 후보로부터 광주가 제안한 인공지능(AI) 관련 핵심 과제들이 구체적인 대선 공약으로 채택되는 결실을 얻었다. '국가AI컴퓨팅센터 구축', 'AI 중심도시 조성' 등은 물론, RE100 산업단지, 미래 모빌리티 산업도시 구축, 5·18 정신 헌법 전문 수록 동의안까지 주요 대선 공약에 포함되었다.

서울 창신동 국정기획위를 찾아 광주핵심 공약을 제안.
한 달 뒤 광주 핵심공약 대부분이 이재명 정부
'국정과제 5개년 계획'에 담겼다.(2025.7.7.)

주간 여의도 집무실을 운영하며 대선 정국 한복판에 뛰어든 노력이 실질적인 성과로 이어진 것이다. 광주가 제안한 총 30개 사업 중 23개가 대선 공약에 반영되었고, 이후 정책 실현을 위한 세부 실행계획 수립과 예산 반영 작업도 본격화되었다.

목마른 사람이 우물을 판다던가. 광주는 목이 마르고 애가 탄다. 지금까지의 광주가 역할에 충실하고 '헌신하는 도시'였다면, 지금부터의 광주는 달라져야 한다. 헌신의 역할이 아니라 희망의 모델이 되어야 한다. 그 희망모델의 첫 신호탄을 여의도 집무실이 쏘아 올렸다.

광주 투표율 1위는
그냥 된 것이 아니다

내란 극복에 앞장섰던 광주, 민주주의를 지켜내는 데 전력을 다한 광주 입장에서는 21대 대통령 선거가 그 어느 선거보다 감격스럽고 소중한 선거가 아닐 수 없다. 다만 걱정스러운 것은 탄핵 가결이라는 어려운 고비를 넘긴 만큼 새 민주정부 탄생이 지나치게 당연시되는 분위기였다. 어떻게든 투표율을 끌어올려야 한다는 판단이 들었다. 광장에서 내란을 물리쳤으니 이제 투표로 민주주의를 세워야 한다. 투표로써 주권자의 힘을 세우고 증명해야 한다.

광주가 민주정부에게 표를 몰아주는 '당연한 표밭'이라

서가 아니다. 광주는 유능한 민주정부의 동반자이자 새로운 미래를 열어갈 파트너이기 때문이다. 정권도, 정책도 함께 만들고 함께 성공하기 위해서다.

국회의원 시절에도, 지방정부 수장이 되어서도 늘 곤혹스러운 지점이 있다면 지방과 중앙의 관계 설정 부분이다. 일 잘하는 국회의원은 자기 지역구 예산을 중앙 부처에 가서 설득해 따오는 사람이다. 단체장도 마찬가지다. 인맥을 동원해서라도 예산을 따오는 것이 능사이고 능력이다.

하지만 지방이 손 내밀고 중앙이 시혜를 베푸는 구조로 봐서는 안 된다. 지방에 왜 그 예산이 필요한지, 지방으로 간 그 예산이 국가 전체에 어떤 수혈 효과를 가져오는지가 중요하다.

지방정부가 정책과 제도의 아이디어를 개발하고 제공하면 중앙정부는 이를 검토하고 결정한다. 중앙이 선택한 정책과 제도를 실험하고 성공시켜 내는 무대가 바로 지방정부다. 지방정부의 성공은 곧 중앙정부의 성공이 되는 것이다. 중앙과 지방의 건강한 파트너십은 나라를 끌어가는 건강한 동력이 된다. 수도권 일극 체제를 넘어서는 균형발전의 지름길이다.

내란을 극복한 광주에게 21대 대통령 선거의 의미는 크다. 광주의 미래가 달린 선거인 것이다. 그러니 그 어느 때보다 강력하게 광주의 저력을 보여주면 좋겠다는 판단이 들었다. 그러기 위해서는 투표율이 높아야 한다. 누구에게 특정 후보를 찍으라고 독려하는 것은 정치 개입이지만, 투표 참여를 권하는 것은 정당한 행위다. 이런 문제의식을 시교육청 및 5개 자치구와 공유했다. 내란을 극복한 과정, 투표로 새 정부를 탄생시키는 과정 모두가 살아 있는 교육이자 민주시민의 권리이기 때문이다.

광주시와 교육청, 5개 자치구는 '투표가 힘입니다'라는 투표 참여 캠페인을 펼치기로 했다. 선거운동 시작과 동시에 공동 기자회견을 열어 투표율 92.5%를 달성하자는 도전적인 목표를 제시했다.

18세 생애 첫 투표 등 1020 청년층을 대상으로 한 맞춤형 홍보를 위해 금파고등학교를 직접 찾았다. 왜 투표가 중요한지, 내가 살아온 시대의 이야기와 불법 계엄 사태의 맥락을 설명하고, 이번 선거의 의미를 전했다. 어린 학생들의 눈빛에서 진지함이 느껴졌고, 박수가 쏟아질 때는 기운이 났다. 우리 세대만 살고 말 광주가 아니다. 미래 세대에게 더 중요한 선거라는 생각이 확연히 들었다.

광주의 투표율 높이기 전략은 기대 이상으로 섬세하고

조선대 축제에서 외친 "투표가 힘입니다!"

치밀했다. 내란 이후 심신이 지친 상태로 일상에 복귀한 시민들에게 정말 편하게 투표할 수 있는 환경을 만드는 것이 급선무라는 생각을 했다. 357개 투표소를 사전 점검하고, 1층 우선 설치 및 임시 기표소 마련, 안내요원 배치 등 노약자·장애인·임산부 등 시민 누구나 편리하게 투표할 수 있는 환경을 조성해 접근성을 높이기로 했다.

요양시설과 병원 등 447개소에 거소투표소 설치를 안내해 이동이 어려운 유권자의 참정권도 보장하기로 했다. 이동 제약 시민을 위해 교통약자 투표 지원 차량을 무료로 운영했다. 택배와 배달 노동 종사자들이 투표할 수 있도록 업계와 협력해 여건을 조성하고, 소상공인연합회와 협력해 투표 관련 할인 이벤트를 진행했다.

노동자의 투표 권리를 보장하기 위해 경제 3단체, 노동단체, 주요 기업체 및 산업단지를 찾아 투표를 권장하고, 투표 참여 시민에게는 제과·음식·커피 할인, '6·3 투표빵' 할인 이벤트를 진행하기로 했다. 또 청년층 투표 참여율을 높이기 위해 18개 대학 총장·총학생회를 중심으로 '친구랑 투표랑 1+1' 캠페인을 추진하고, 사전투표 기간에 청년들이 적극 참여할 수 있도록 홍보를 대폭 강화했다.

계엄과 탄핵의 역사를 이겨낸 광주 시민들이 투표로 민주주의 완성의 마지막 점을 찍는 순간이니, 섬세할수록 정다울수록 좋으리라. 주권자의 권리를 포기하는 시민이 없도록 최대한 신경을 썼다.

그 어떤 지자체에서도 시도한 적 없는 전무후무한 광주의 투표 독려 정책에 시민들은 크게 화답해주었다. 더불어민주당 이재명 후보를 당선시킨 광주의 투표율은 무려 83.9%에 달했다. 그 높은 투표율이 민주주의를 완성하고 새 정부와 함께 지역 발전을 이루겠다는 광주 시민의 뜨거운 열망처럼 느껴져서 가슴이 벅찼다.

  계엄을 막고, 탄핵을 이루고, 민주정부를 세우기까지 광주 시민들은 모든 것을 다 바치는구나 싶어 감격하기도 했다. 광주는 이렇게나 뜨거운 도시다.

광주의 달리기는 지금부터,
이제 기회가 왔다

2024년 12월 14일, 대한민국의 명운을 가를 탄핵소추안 표결을 앞두고 더불어민주당 박찬대 원내대표는 제안 설명에서 이렇게 말했다.

"상상만으로도 아찔한 비상계엄이 실제로 선포되었을 때, 1980년 5월의 광주는 2024년 12월의 우리를 이끌었습니다. 44년 전 고립무원의 상황에서도 죽음을 각오하고 계엄군과 맞섰던 광주 시민들의 용기, 그리고 그들이 지키려 했던 민주주의가 우리를 움직이는 원동력이었습니다."

눈 오는 밤을 은박담요로 견딘 '키세스 시위단' 덕분에, 생업에 종사하는 틈틈이 광장에 나와 간절한 염원을 더해준 시민들 덕분에, 한강의 소설 《소년이 온다》를 읽은 수많은 이들이 '동호들'이 되어 거리에서 춤추고 노래한 덕분에 마침내 대통령 탄핵안이 가결된 것이다.

폭군 윤석열을 체포하려던 그 아침, 미국 버지니아주 주지사가 보낸 주(州) 깃발과 감사 증서가 도착했다. 2024년 11월 말, 광주에 농업 협력차 방문했을 때를 기념하기 위해 보내온 깃발과 증서였다. 그런데 깃발에 쓰인 라틴어 문구가 의미심장했다.

"Sic Semper Tyrannis."
(폭군은 언제나 이렇게 되리라!)

버지니아주에서야 관례적으로 교류에 대한 감사 표시를 보내온 것이지만, 당시 상황이 상황이다 보니 꽤나 놀랍게 읽혔다. 자료를 찾아보니 이 문구는 1776년, 미국 독립 직후 버지니아가 왕정으로부터 독립하면서 채택한 문구였다.

미국 버지니아주에서 온 깃발을
광주시청에 게양하다.(2025.1.3.)

권력을 사유화하고 남용하는 자는 반드시 파멸에 이르게 된
다는 사실은 동서고금을 막론한 진리였다.

너무나 많은 국면에서 1980년의 광주를 소환하게 했던
폭군 윤석열의 불법 계엄은 결국 추하게 끝이 났다. 우리 국
민은 맨몸으로 장갑차를 막아서고, 맨손으로 총구를 움켜쥐
며 가장 위헌적인 내란 세력을 가장 민주적인 방법으로 막
아냈다.

그것은 국민의 승리이자, 우리 광주의 승리였다. 그리고 사람들은 인정했다. 불법 계엄을 이겨낸 민주주의의 힘이 45년 전 5·18에서 비롯된 유산이라는 사실을. 수많은 이들이 "과거의 광주가 오늘의 대한민국을 구했다"고 말했다. 인간의 잔혹성과 존엄함이 가장 극단적인 형태로 공존했던 광주는 이제 '사회적 가치'를 뜻하는 보통명사가 되었다. 그렇다. 광주는 이제 그저 하나의 지명이 아니라, '가치'가 되었다.

민주주의 회복을 위한 또 하나의 지상 명령은 5·18 정신을 헌법 전문에 수록하는 일이다. 문재인 정부 출범 당시 나는 5·18 정신 헌법 전문 수록을 대선 공약으로 만들었다. 여러 사정으로 실현되지는 못했지만, 불법 계엄 사태를 통해 이제는 국민 대다수의 공감대를 얻을 수 있는 상황이 되었다. 우리 민주주의의 취약성을 보완하기 위해서라도 반드시 5·18 정신을 헌법 전문에 수록하고, 민주 교육의 지표로 삼아야 한다. 또한 국회의 '계엄 사전 동의제' 도입이 필요하다. 부당한 명령에 대한 거부의 권리 인정 등도 헌법과 법률에 명시해 제도화해야 한다.

비 온 뒤에 땅이 굳듯, 더 단단한 민주주의를 위해 광주가 해야 할 일이 많아졌다. 어쩌면 '광주'라는 이름의 무게는

5·18정신 헌법전문 수록을 외치며 민주평화대행진
(2025.5.17.)

더욱 무거워졌다. 시대가 어두울 때면, 가장 먼저 찾는 '빛의 이름'이 광주가 되었다. 억지가 난무하고 진실이 말도 안 되는 거짓으로 가려질 때, 우리가 세워야 할 분명한 기준이 바로 광주가 된 것이다.

그러한 가치를 바탕으로 내란을 극복하고 민주정부를 세우는 데 앞장선 광주다. 이재명 정부는 광주가 만든 기회이자 광주를 변화시킬 기회다. 광주의 달리기는 지금부터다. 광주의 가치를 성장의 기회로, 그 기회를 현실로 만들어갈 시간이 온 것이다. 특별한 희생에는 특별한 보상이라는 대통령과 민주당의 의지가 광주의 기회를 현실로 만들어줄 것이기 때문이다.

제45주년 5·18 전야제가 열린 금남로에서
이재명 대통령 후보, 우원식 의장, 박지원 의원과 함께
(2025.5.17.)

02

준비된 변화는
힘이 세다

“AI집적단지 1조 원 프로젝트를
대선 공약으로 넣읍시다.”
이 한마디가, 광주의 미래를 바꿨다.

‘AI 광주’는 강기정표 대선 공약이었다.
2017년 문재인 대선 캠프 종합상황실장이었던 나는
AI야말로 광주의 미래가 될 것이라 확신했다.

“AI가 밥 먹여줍니까?”
그 물음에 나는 이렇게 대답했다.

“AI는 밥도 되고,
일자리도 되고,
우리 청년들의 미래도 됩니다.”

자동차, 에너지, 광산업, 문화
광주의 뿌리가 AI를 만날 때
무한한 ‘AX 광주’의 세계가 열린다.

그리고 이제, 광주는 국가AI반도체(NPU)컴퓨팅센터와
AI 규제프리 실증도시라는 더 큰 무대로 나아간다.

2017년 문재인 대선 캠프 종합상황실장이었던 나의 머릿속은 '광주의 미래 먹거리는 무엇인가'라는 질문 하나로 가득 차 있었다.

"어떻게 하면 광주는 4.0의 시대를 '광주의 시간'으로 만들 수 있을까."
"우리 세대를 넘어, 미래 세대까지 지속 가능한 산업 인프라는 무엇인가."

광주는 1960년대 산업화 시대에는 자동차 산업을, 2000
년대 외환위기 때는 광산업을 전략적으로 선택하며 위기를
기회로 바꾸어왔다. 과거 호남이 '쌀'로 풍요를 누렸던 만큼,
새로운 시대를 맞아 오늘날 호남의 쌀은 무엇인지 답을 찾
아야 했다. 그 답을 'AI'에서 찾기까지는 적지 않은 몇 개의
관문을 넘어야 했다.

당시 나는 정치에서 한발 물러나 있던 시기였다. 2000년
'대한민국 정치를 제대로 바꿔보겠다'는 포부로 정치에 뛰어
들었고, 2004년 국회의원에 당선됐다. 그러다 2016년 반문
재인 바람이 거셀 때 나는 민주당에서 첫 공천배제 대상자였
다. 두 번째 공천배제 대상은 정청래 현 당대표였다.

민주당을 정치적 못자리로 성장해온 나였다. 당이 일시
적으로 진통을 겪고 있다고 해서 당을 원망하며 돌아서거나
그대로 주저앉아 있을 수는 없었다. 학생 운동이나 민주화
운동을 할 때도, 또 국회의원이 되어서도 내 삶을 지탱한 일
관된 원칙이 있다면 그것은 내가 하는 일을 통해서 더 나은
사회를 만들자는 것 아니었는가. 공천배제를 당했다고 해서
그 초심이 변할 리 없기에 오히려 다 내려놓을 수 있었다.

뜻밖에 주어진 시간을 더 나은 세상을 만들기 위한 공부
의 시간으로 삼자고 맘먹고 나니 홀가분해졌다. 그래서 아

내와 함께 독일 베를린으로 떠났다. 베를린 자유대학교에 머물면서 독일의 첨단산업 현장을 눈으로 확인하고 배우기 위해서였다. 에너지 전환과 탈원전, 벤츠·폭스바겐를 비롯한 세계적인 자동차 기업의 변화, 재정을 책임지는 지방정부와 의회, 지역을 먹여 살리는 강소기업, 청년 창업 현장, 문화인프라 등을 두루 살폈다.

국회의원 강기정이 아닌 자연인 강기정이 되어 직접 이메일을 쓰고 만남을 요청했다. 눈앞에는 독일의 '인더스트리 4.0'이라는 거대한 새 물결이 펼쳐지고 있었다. 독일의 변화는 우리 광주의 변화에 많은 시사점을 주고 있었다. 그 모든 현장들이 광주가 갈 길에 매우 중요한 참고 도서 같았다. 담당자를 만나고 전문가를 찾아다니며 이야기를 나누는 동안 머리가 팽팽 돌고 가슴이 뛰었다. 눈이 번쩍 뜨였다.

독일의 경험은 새로운 산업, 새로운 에너지를 만난 것으로 압축할 수 있다. 독일은 이미 '인더스트리 4.0'을 국가 전략으로 채택하고 강력히 추진하고 있었다. 1.0 증기기관과 기계화, 2.0 전기와 대량생산, 3.0 컴퓨터와 자동화의 시대를 지나, 4.0은 인공지능(AI), 빅데이터, IoT가 이끄는 새로운 변곡점이었다.

독일의 대전환 과정을 지켜보고 공부하던 그때, 한국은

또 다른 변화를 맞고 있었다. 박근혜 대통령이 탄핵되고, 조기 대선 정국이 열린 것이다. 빨리 와달라는 귀국 요청을 받았다.

독일에서 한국으로 돌아오는 비행기 안에서 '전환(transition)'이라는 단어가 머리를 떠나지 않았다. 정치의 전환, 산업의 전환, 도시의 전환을 위한 상상만으로 심장이 뛰었다. 그때 김대중 대통령이 떠올랐다. 1981년, 사형수 신분으로 청주교도소에 수감 중이던 그는 "전자 기계 안에 수십억 개 부품이 들어가 말로 물으면 말로 대답하고, 세종대왕이 몇 해에 돌아가셨냐고 물으면 기계가 대답해준다"고 말했다. 인공지능이라는 말조차 낯설던 시절, 오늘의 챗GPT를 떠올리게 하는 세상을 이미 상상하고 있었던 것이다.

그로부터 20여 년 뒤 김대중 정부는 초고속 인터넷망과 '사이버코리아21' 정책, 전자정부, 1,000만 명 인터넷 교육으로 대한민국을 IT 강국으로 도약시켰다. 국가가 미래를 설계하는 방식이 어떻게 달라져야 하는지를 보여준 사례다. 다시 한 번, 리더란 다음 세대가 살아갈 삶의 조건을 다시 설계하는 사람임을 스스로 다짐했다.

귀국 후엔 곧바로 문재인 후보 대선 캠프 종합상황실장으로 합류했다. 대선 승리를 위한 전략을 짜는 한편 광주 대선 공약을 만드는 중차대한 임무도 맡았다.

"민주의 광주가 부강한 광주가 되기 위해서는 무엇이 필요한가? "

광주의 다음 10년, 20년 어쩌면 100년을 내다보고 답을 내놓아야 하는 일이었기에 어깨가 무거웠다. 나는 대한민국 민주주의의 심장 광주가 잘사는 광주로 거듭나기를 바랐다. "먹고살 것이 없다"는 청년들의 절규를 멈추고 싶었다. 숱한 정치인들이 광주에 와서 민주 영령 앞에 고개를 숙이고 광주에 빚을 졌다고, 광주가 자랑스럽다고 말을 하지만 그것이 광주의 오늘을 어떻게 풍요롭게 하는 것인지 의문을 품게 됐다.

'민주주의 사회가 경제발전에서도 앞서간다.' 노벨경제학상 수상자 제임스 로빈슨 교수의 말이다. 하지만 대한민국 민주주의를 지켜온 광주는 경제적으로 풍요로운 도시가 되었는가. 그렇지 못하다면 어떤 이유 때문인가. 광주가 민주의 가치를 넘어 성장의 기회를 가지려면 어떻게 해야 하는가를 밤잠을 못 이루고 고민했다.

핵심은 4차 산업혁명 시대의 광주가 다음 세대의 일자

2024년 노벨경제학상 수상자 제임스 로빈슨 교수와
'부강한 광주'를 꿈꾸며 (2025.9.9.)

리를 만들고, 새로운 희망을 이어갈 산업을 선택해야 한다
는 것이었다. 그 답을 찾기 위해 나는 광주과학기술원(GIST)
의 문승현 총장, 이흥노 교수를 비롯한 전문가들을 만났다.
수차례의 토론과 논의를 거치며 우리는 하나의 키워드에 도
달했다. 바로 'AI'였다.

당시만 해도 AI는 생소했다. 책을 읽고, 전문가들에게
묻고, 다시 공부를 거듭했다. 이해가 깊어질수록 확신이 생
겼다. "AI야말로 광주의 미래를 바꿀 열쇠다!" 토론에 토론

문재인 대통령과 청와대 집무실에서
(2020.8.)

을 거듭한 끝에 공약의 윤곽이 잡혔다. 처음엔 반신반의하던 사람들도 점차 고개를 끄덕였다. 이 낯설고 거대한 구상이야말로 광주를 다시 일으킬 새로운 길이라는 믿음이 커졌다. 그렇게 탄생한 것이 바로 '인공지능(AI) 산업융합 집적단지' 공약, 그리고 'AI 광주'라는 도시의 새로운 이름이었다.

2017년 4월 25일, 'AI 광주'의 첫 씨앗을 심었다. 광주 8개, 전남 8개, 광주·전남 3개, 광주·대구 1개 등 일명 '광주·전남 공약 8831'이라 불리는 청사진을 발표했다. 당시만 해도 생소했던 AI가 광주의 미래 먹거리임을 분명히 하기 위해 문재인 후보 캠프의 윤호중 정책본부장, 전해철 총괄특보단장 등과 함께하며 'AI 광주'에 확실히 힘을 실었다.

대선 과정에서 설계한 인공지능 산업 사업비는 1조 원 규모였다. 문재인 정부 출범 이후, 광주의 AI 산업융합 집적단지 조성 사업은 국정기획자문위원회의 논의를 거쳐 문재인 정부 100대 국정과제가 됐다. 지역 공약이 대선 공약으로, 다시 국정과제로 발전했다는 것은 곧 정책의 지속성과 국가적 관리 체계가 확보되었다는 뜻이었다.

그런 단계를 밟아가면서 광주의 AI 구상은 단순한 지역 프로젝트가 아니라 국가적 비전이 되었다. 지역의 구상이 중앙의 정책으로 발전하고, 한 도시의 결단이 국가의 미래로 확장된 것이다. 이것은 곧 정책의 구조적 지속 가능성, 그리고 광주의 미래 비전이 국가 성장전략으로 통합된 의미 있는 순간이었다.

돌이켜보면 "광주의 미래 먹거리는 무엇인가"라는 질문 하나에서 출발했다. 그 질문에 대한 광주식 대답이 바로 이것이었다.

"우리는 AI를 선택하겠다.
AI를 밥으로, 일자리로, 청년의 미래로 만들겠다."

국내 유일 국가AI데이터센터를
완성하다

청와대 정무수석으로 일하던 2019년의 일이다. 문재인 대통령은 지역균형발전을 위해 큰 결정을 내렸다. 경제 논리만으로는 지방의 사업들이 예비타당성조사(예타)에서 줄줄이 떨어지는 현실을 바꾸기 어려웠다. 예타를 하면 지방 사업은 대부분 제동이 걸린다. 수도권과 같은 경제성이 안 나오기 때문이다. 그러니 경제 논리로 접근해서는 가능성이 보이는 어떤 신산업도 시작조차 할 수가 없다.

그래서 지역별 1개 사업에 한해 예타를 면제하는 '국가균형발전 프로젝트'를 추진했다. 총 24조 1,000억 원 규모,

23개 사업을 예타 조사에서 면제해주는 것이 골자였다. 이 조치는 지역 전략산업과 대규모 SOC 사업을 신속히 추진하기 위한 일종의 '패스트트랙'이었다. 정부는 전국 17개 시·도로부터 32개, 68조 7,000억 원 규모의 사업을 신청받아 해당 지자체로부터 의견을 수렴하고, 관계 부처 TF의 검토 등을 거쳐 예타 면제 대상을 선정했다.

많은 지자체가 KTX, 산업철도, 연륙·연도교 같은 SOC 사업을 들고 왔다. 그때 광주는 달랐다. 이미 국정과제로 선정돼 있던 1조 원짜리 AI집적단지 조성 사업을 예타 면제로 신청했다. 청와대에서 광주만이 유일하게 SOC가 아닌 미래 먹거리 연구개발(R&D) 사업을 올렸을 때, 너무나 기뻤다. 민선 7기 이용섭 시장과 광주시 공직자들의 선택에 박수를 보냈다. 광주의 미래 먹거리를 만들어낼 수 있겠다는 강한 예감이 들었다.

얼마 후 기가 막히는 일이 벌어졌다. 1조 원짜리 사업이 슬그머니 3,000억 원으로 축소된 게 아닌가. 1조 원은 투입해야 기반 인프라가 제대로 갖춰질 텐데, 왜 이런 일이 벌어진 것인지. 청와대 정무수석으로서 광주시와 함께 이 난국을 타파해야 했다. 나는 급히 경제부총리를 찾아가 설득을 시작했다.

대선 공약이고, 국정과제이며, 최소 1조 원의 비용이 필요하다는 점, 마구잡이 감액으로는 사업을 제대로 시작할 수 없는 점을 설명했다. 사업의 타당성으로 설득하고 필요 예산을 재확인시켜가며 가까스로 4,300억 원으로 증액시킬 수 있었다.

아쉬웠으나 정책이 현실화되기 위해서는 반드시 재정이 뒷받침되어야 하는 만큼 예산이라는 큰 산을 넘어선 것에 큰 의미가 있었다. 정부에 'AI는 광주의 새로운 산업'이라는 인식을 심어준 것도 중요했다. AI 불모지 대한민국에 광주의 전략적 선택이 통하는 순간이었다.

2020년 1월 인공지능산업융합사업단 출범과 함께 인프라-기업-인재로 이어지는 AI 산업 생태계 조성 사업이 본격적으로 추진되었다. 국내 유일 국가AI데이터센터 건축과 함께 자동차·에너지·헬스케어 AI 실증센터가 운영되기 시작했고, AI사관학교와 기업협력센터도 문을 열었다.

청와대에 있을 때 삼성, SK 등 기업에 아무리 지방균형발전을 외쳐도 먹히지 않았다. "인재가 없어서 지방에 안 간다"며 기업들은 고개를 저었다. 무엇보다 인재양성이 시급했다. 시장 공약으로 "교육의 컨트롤타워가 되겠다"는 약속을 한 이유도 이 때문이다.

첨단3지구 국가AI집적단지

시장 취임 두 달 만인 2022년 9월 28일, 윤석열 대통령이 제8차 비상경제 민생회의 참석을 위해 광주에 왔다. 민생회의에 앞서 AI TECH+박람회를 찾은 윤석열 대통령에게 광주의 AI 산업 생태계 비전을 설명했다. 기회를 놓치지 않고 'AI영재고 설립'을 제안하고 확답을 얻었다. 두 달 뒤인 11월에는 시의원, 교육감, 국회의원 등과 함께 '광주 전략회의'를 열었다. 유·초·중·고, 대학, 대학원, 실무전문으로 이어지는 뿌리부터 튼튼한 인재양성 사다리를 완성하기 위해 초·중등 인공지능(AI) 인재양성 강화·영재학교 설립 등을 논의했다.

노력 덕분이었을까. 삼성에서 지스트와 함께 반도체 계약학과를 시작했고, C-랩 아웃사이드 창업 프로그램도 시작했다. 지난한 예산 확보 과정을 거쳐 AI영재고도 설립에 박차를 가했다. 전남대, 호남대, 조선대, 지스트 AI융합대학에서는 미래의 엔비디아 젠슨황을 꿈꾸며 청년들이 꿈을 키우고 있다.

1단계 사업의 성과는 분명하다. 퓨리오사AI, 에이직랜드 등 펩리스기업들을 비롯해 내로라하는 수백 개의 AI 기업이 광주를 택했다. 350여 개 기업이 광주와 AI 산업 생태계 조성을 위한 업무협약을 맺었고, 이 중 160개 기업이 광주에 새 둥지를 틀어 640여 개가 넘는 일자리를 창출했다. 기업들은 "광주에 가면 인프라, 인재가 갖춰졌다. 창업성공률이 높은 기회도시 광주에서 유니콘기업으로 성장하겠다"고 의지를 다졌다.

특히 퓨리오사AI는 메타(Meta)의 1조 2,000억 원 인수 제안을 거절하고, "경영권 매각 대신 독자 기술 개발의 길을 가겠다"는 포부로 세계 시장에 도전하고 있다. 그런 기업들이 광주를 선택했다는 사실은, 이 도시가 이미 AI 산업 생태계의 '실질적 경쟁력'을 갖추었음을 보여준다.

국가AI데이터센터는 기업에 2,000여 건이 넘는 서비스를 제공해 스타트업의 마중물이 되는 한편 자율주행차 드라이빙시뮬레이터와 창업·실증동도 문을 열었다. 1단계 사업을 성공적으로 마무리했다.

동에 번쩍 서에 번쩍
강기정 시장의 세일즈

나는 1단계 사업에서 멈추지 않고 2단계 사업을 곧바로 시작했다. 윤석열 정부가 들어서면서부터 광주의 AI 사업은 예산이 삭감되거나 사업이 축소되는 등 번번이 불확실성의 벽에 부딪혔음에도 나는 여야 할 것 없이 정부, 국회 인사들을 만나며 오로지 앞만 보고 나아갔다.

가장 시급한 일은 2단계 AX실증밸리 사업 예타 면제였다. 2024년까지 1단계 '인프라-기업-인재 AI 산업 생태계 기반구축 사업'이 종료됨과 동시에 2025년부터 2단계인 AX실증밸리 사업을 바로 시작해야 중단 없이 사업을 추진

할 수 있었다. 2024년 말까지 예타 면제가 필요했지만, 기획재정부는 중복투자 우려를 이유로 예산 반영을 미뤄왔다.

2024년 9월 5일 기회가 찾아왔다. 시간이 얼마 남지 않은 상황에서 유일한 해결 방안은 대통령의 입을 통한 약속뿐이었는데, 연초부터 계속 밀려 사실상 마지막이 된 광주에서의 '국민과의 민생토론회'가 잡힌 것이다. 어쩌면 예타 면제의 마지막 기회라 생각하고 토론회장을 찾아갔다. 예상 시나리오에 없던 사항이라 돌발질문에 대통령이 흐지부지 끝낼 수도 있다는 생각에 발언기회가 주어지자마자 마음먹고 예타 면제 이야기를 꺼냈다.

"올해 연말이면 국가AI데이터센터 등 1단계 사업이 완료됩니다. 속도의 경쟁을 이겨내려면 곧바로 2단계 AX 실증밸리 사업이 이어져야 합니다. 신속한 사업추진을 위해 예타 면제가 반드시 필요합니다."

대통령의 입에서 "해주죠"라는 말이 짧게 나왔다. "일단 적극 검토한다는 것까지만 해도 되죠?"라고 다시 말을 이어 나갔다. 나는 말미에 다시 한 번 예타 면제 이야기를 꺼냈고, 윤 대통령은 마무리 발언에서 "AI 2단계가 추진될 수

있도록 예타 면제는 과감하고 전향적으로 검토하겠다"라고
약속했다.

과기부와 대통령실에서는 사실상 공식적인 발언이라고
확인도 해줬다. 정부와 협의 속도가 빨라졌다. 예타 면제가
확실시되던 중 2024년 12월 3일 밤 계엄이 터지며, 예타 면
제 절차는 사실상 중단됐다. 그렇게 광주의 AI 사업의 앞길
은 또 한 번 막힌 듯했다.

그러나 마침내 광주에도 기회가 왔다. 제21대 6·3 조기
대선 국면이 시작되자마자 4월 16일부터 여의도 집무실 운
영을 시작했다. 윤석열 정부 박해의 시간을 뚫었던 우리는
기세 좋게 밀어붙였다. 시장과 공직자가 한몸이 됐다. 적극
적으로 정치권과 협력해 '광주 대선 공약'을 만들고 광주의
과실을 딸 준비를 했다.

81조 규모 15대 과제 40개 사업이 담긴 '대선 공약 광
주제안 보고서'를 만들었다. 광주의 제안은 'AI 주도 초격차
성장'이었다. 과거의 광주가 오늘의 대한민국을 살렸듯, 이
제는 오늘의 광주가 대한민국을 AI 초격차 강국으로 바꿔나
가겠다는 계획이었다.

매주 수요일은 정기적으로 여의도 집무실로 출근하고,
다른 요일에도 틈만 나면 서울로 달려와 대선 후보 캠프와

정청래 대표, 한정애 정책위의장이
예산 협의를 위해 광주시청을 방문하다.
(2025.9.18.)

정당정책위 의장, 국회의원 등 여야 가리지 않고 광주 공약
을 설명하며 세일즈에 나섰다. 그리고 5·18 민주화운동 45
주년을 하루 앞두고 광주를 찾은 이재명 당시 대통령 후보
는 광주 대선 공약 제안에 담긴 AI 중심도시 육성을 시민들
에게 약속했다.

"제가 광주를 AI 중심도시로 확실하게 지원해서 대한

민국 최고의 AI 도시로 만들겠습니다.”

그렇게 AI국가시범도시와 AI컴퓨팅센터는 대선 공약으로 최종 확정됐다. 이재명 정부 출범과 동시에 ‘여의도 집무실’은 ‘대선 공약 서울상황실’로 전환했다. 인수위 없이 출범한 이재명 정부의 국정과제에 광주의 공약을 선제적으로 반영하기 위한 것이 목적이었지만, 무엇보다 이재명 정부의 성공이 광주의 성공이고, 광주의 AI 성공이 대한민국 AI 성공이었기 때문이다. ‘광주발전 10대 프로젝트’를 들고 하정우 대통령실 AI 수석, 이한주 국정기획위원장, 김병기 대표 직무대행 겸 원내대표 등 국회의원, 국정기획위원, 관계자들을 틈만 나면 찾아다니면서 광주의 당위성을 설명했다.

이재명 정부의 AI 3대 강국 도약을 위한 AI 고속도로와 국가인공지능(AI)컴퓨팅센터 구축 등 광주가 제안한 AI 사업들이 그렇게 국정과제 5개년 계획에 포함되었다. 계엄에 발목 잡혔던 광주 AI 2단계 AX실증밸리 사업도 국무회의 의결에 이어 8월 22일 과학기술정보통신부 국가연구개발사업평가총괄위원회 심의를 통과함으로써 예타 면제 사업으로 최종 확정됐다. AI 중심도시 실현이 눈앞에 와 있었다.

길이 없다면 길을 만들자

예타 면제 확정 두 달 뒤인 10월 21일 국가AI컴퓨팅센터 유치가 사실상 무산됐다. 공모 기간 동안 17만여 명이 참여한 범시민 서명운동을 전개했다. 국회의원, 산업계, 언론계, 종교계, 민간단체 등 각계 인사가 참여한 '국가AI컴퓨팅센터 광주 유치위원회'도 국회에서 발족했다. 기업이 원하는 모든 조건을 광주는 충족했다. 그러나 공모 마감 10여 일 전 갑작스레 기업의 입장 변화가 감지됐다.

광주는 인프라, 인재, 풍부한 전력과 물, 부지까지 모두 준비된 도시였음에도, 정부와 국회, 기업을 상대로 끊임없이 비전을 설득했음에도, 대선 전부터 광주 공약으로 이재명 정부 국정과제로 명시되었음에도, AI 1단계 사업으로 산업 생태계를 갖춰가고 있는 광주에 속도감 있게 AI 인프라를 집적하는 것이 대한민국 AI 3강으로 가는 가장 빠른 길이었음에도 기업의 경제성을 우선한 이유로 좌절됐다.

유치 무산 소식에 모두가 허탈감에 빠졌다. 나는 우선 시민들을 위로하고, 밤낮없이 고생한 공직자들을 격려했다. 다시 움직여야 했다. 광주 지역 각계 인사들이 21일 밤 곧바로 시청에 모였다. 내란의 밤에 우리가 '헌법수호 연석회의'로 모였듯이, 다시 '광주 미래산업 비상회의'로 모였다.

국가 인공지능 전략 공백에 깊은 우려를 표하고 입장문을 내기로 했다. 다음 날에는 광주의 입장문을 전달하기 위해 국회에서 정청래 더불어민주당 대표를 만났다. 나와 임택 동구청장, 이기훈 광주시민사회지원센터장, 채은지 광주시의회 부의장, 정지성 에스오에스랩 대표이자 인공지능산학연협회장 등 5명이 광주의 대표로 참석했고, 박균택 의원이 함께한 자리였다. 정청래 대표는 "광주의 마음을 안다"며 돕겠다고 약속했다. 한정애 정책위의장, 국회 과방위 간사인 김현 국회의원 등 국회에서 도움의 손길이 이어졌다.

정부와 국회에 광주의 입장을 설득력 있게 전달하는 동

'국가AI컴퓨팅센터 유치위원회' 위원으로 참석한
정세균 전 총리와 함께

시에 나는 현실적인 대안을 찾기 위해 고심했다. 기업과 전문가들과 머리를 맞대고, 정부, 국회, 대학을 다시 찾아가며 백방으로 뛰었다. AI 1단계 사업의 성과를 이어가고, AI 산업 생태계 조성에도 추진력을 얻어야 했다. 더불어 전남에 국가AI컴퓨팅센터가 사실상 들어서는 만큼 광주·전남이 함께 상생할 방안도 찾아야 했다. 하늘은 스스로 돕는 자를 돕는다고 했으니, 우리가 먼저 해답을 만들어가야 했다.

이틀 뒤인 10월 23일 이재명 대통령은 국가AI컴퓨팅센터 광주 유치 무산에 대해 깊은 유감을 표하며 광주에 대한

공직자들과 AX실증밸리 전략을 이야기하다.
(2025.10.24.)

약속을 재확인했다는 언론보도가 나왔다. 우상호 대통령 정무수석과 광주 지역 국회의원들이 긴급 간담회를 진행했다.

우 수석은 이 자리에서 "대통령께서 '광주 시민들에게 송구하다. 광주를 미래산업도시로 만들겠다는 의지는 변함이 없고 광주에 한 약속은 반드시 지키겠다. 광주의 AI를 포함한 미래산업 발전 방안을 조속히 강구하라'고 말씀하셨다"고 밝힌 것으로 전해졌다. 김용범 대통령실 정책실장도 10월 27일 광주시청을 찾아 문제 해결을 모색했다.

광주는 2017년, 전국에서 가장 먼저 AI의 가능성에 손을 든 도시다. 국가AI데이터센터 운영 경험을 바탕으로 기업과 인재, 데이터를 꾸준히 축적해왔으며, 2단계 AX 실증밸리 사업비 6,000억 원을 확보한 유일한 도시라는 점 역시 명확히 기억해야 한다. 지금도 대한민국에서 국가AI데이터센터와 기업, 인재를 모두 갖춘 도시는 광주가 유일하다.

이재명 정부도 'AI 중심도시 광주' 공약 이행을 위해 뜻을 모으고 있으며, 무엇보다 광주 시민들이 AI를 광주의 미래로 선택했다는 사실이 그 힘을 더욱 굳건하게 한다. 흐르는 물을 막을 수 없듯, 광주가 열어젖힌 AI의 흐름 역시 거스를 수 없다.

"대책 있습니까?"

국가AI컴퓨팅센터 유치 무산 이후 언론의 관심이 쏟아졌다. "광주는 준비가 부족했다"는 비판도 이어졌다. 정부는 그 사이에 APEC을 치르느라 정신이 없었으나 나는 국회, 정부, 전문가들을 수차례 찾아가 머리를 맞댔다. 토론에 토론이 이어졌고, 수많은 안을 검토한 끝에 새로운 대책이 도출됐다. 바로 '국가AI반도체(NPU)전용컴퓨팅센터, 광주 전역 AI 규제프리존, AI 연구원'이라는 해법이었다. 이는 광주 AI

《서울신문》 주관 서울미래컨퍼런스 기조연설에서
'대한민국 AI 3강 도약을 위한 실증도시 광주' 비전을 제시하다.
(2025.11.5.)

의 새로운 길이자, 2단계 AX실증밸리와 시너지를 극대화할
수 있도록 정교하게 설계된 구상이었다.

첫 발표 자리는 《서울신문》이 서울 신라호텔에서 개최
한 '2025 서울미래컨퍼런스(SFC)'였다. 광주시장 강기정을
기조연설자로 초청한 데에는 이유가 있었다. 대한민국 AI
인프라가 가장 잘 구축된 도시 광주의 경험과 비전을 듣고
자 했기 때문이다. 나는 'AI 실증도시 광주, 대한민국의 미
래를 설계하다'라는 주제로 광주의 AI 비전을 거침없이 설
명했다.

"광주의 국가AI데이터센터는 대기업 중심의 폐쇄형 클라우드가 아니다. 중소기업·스타트업·연구기관이 함께 활용할 수 있는 열린 플랫폼이다. AI 연구와 창업, 실증과 사업화가 한 도시 안에서 순환하는 구조, 바로 이것이 광주 AI 산업이 지속 가능한 이유다."

나는 광주가 구축한 인프라와 기업 유치 현황, 인재 생태계 등을 압축한 슬라이드를 제시하면서, 광주의 데이터센터가 중소기업·스타트업·연구기관까지 전 산업 주체에게 열린 플랫폼임을 강조했다.

기조연설에서 가장 강조했던 부분은 광주의 AI 산업이 국가경쟁력을 위한 프로젝트라는 점이다. 광주의 AI는 왜 지역 사업이 아니라 '국가적 경쟁력'으로 볼 수 있는가. 광주에 대한 투자는 특정 지역을 위한 예산이 아니라 대한민국의 미래 경쟁력을 위한 전략이다. AI 경쟁은 단순한 기술의 싸움이 아니라 속도와 집적의 전쟁이기 때문이다. 누가 더 많은 GPU를 보유했느냐보다 중요한 것은, 그 자원을 얼마나 빠르고 효율적으로 한곳에 모아 쓰느냐다.

첫째는 집적(concentration)이다. AI·데이터·인프라·기업이 한 도시에 모이면 서로가 서로를 강화한다. 광주는 이미 350여 개에 달하는 AI 기업들과 협약을 맺고 '인프라-기업-인재'가 유기적으로 연결된 산업 생태계를 구축했다. 미국은 오픈AI, 앤트로픽, 구글 딥마인드가 마이크로소프트와 구글 클라우드 위에 수십만 개 GPU를 단일 클러스터로 묶어 학습 속도를 극대화했고, 중국은 베이징에서 상하이·선전으로 이어지는 국가AI벨트를 구축해 정부 주도로 데이터센터·연구소·산업단지를 한곳에 집적하고 있다.

둘째는 속도(speed)다. 세계 AI 선도국들은 이미 수십만 개 GPU를 단일 클러스터로 묶고, 국가 단위 데이터센터를 통해 속도를 극대화하고 있다. 그 속도 경쟁에서 뒤처지면 따라잡기보다는 격차가 벌어진다. 한국은 기술이나 통신 인프라에서는 앞서 있지만, 속도에서는 후발이라는 평가를 받고 있다. 그 격차를 광주 집중 전략으로 줄일 수 있다는 점을 강조했다.

셋째는 데이터(data)다.

"AI 산업에서 '데이터'는 곧 '밥'입니다. 광주는 지난

5년 동안 축적된 데이터로 밥상을 준비해왔습니다."

광주는 AI데이터센터를 통해 헬스케어, 자율주행 등 다양한 분야에서 269TB 규모의 데이터(실증 장비용 262.6TB+이용자데이터 5.5TB)를 확보하고 있으며, 이 데이터를 활용하기 위해 기업들이 자연스럽게 모여들고 있다.

이 데이터 덕분에 지역 기업들의 기술경쟁력도 높아졌다. 미국 CES 혁신상 수상 지역 기업이 2023년 1개사에서 2025년 6개사, 2026년에는 7개사로 매년 늘고 있고, 누적 투자유치액도 1,033억 원에 달했다.

여기에 더해, 국산 AI 반도체(NPU)라는 새로운 산업 생태계도 조성해왔다. 광주는 25개 AI 반도체 팹리스 기업과 협약을 맺었으며, 200억 원 규모의 NPU 실·검증사업을 통해 다수의 팹리스 기업들이 국산 NPU를 출시할 수 있도록 기반을 마련했다. 현재까지 정부 R&D를 지원받아 국산 NPU를 출시한 10개 기업 중 3개가 광주에서 탄생했으며, 올해부터 추진하는 400억 규모의 NPU 고도화·상용화 사업에서도 6개 기업이 국산 NPU 기반 AX 촉진을 위한 상용화 지원을 받고 있다.

NPU컴퓨팅센터를
제안하다

서울미래컨퍼런스 기조발제의 마지막 순서로 '대한민국 AI 3강 도약을 위한 세 가지 제안'을 발표했다.

첫째는 'AI 인재', 즉 인재양성 사다리의 고도화다.

광주는 이미 AI영재고, AI융합대학, AI대학원, AI사관학교 같은 고등 인재부터 실무형 인재까지 아우르는 인재양성 사다리를 구축해왔다. 또한 AICA(인공지능산업융합사업단)를 중심으로 기업 지원, 인재양성 등 굵직한 사업을 성공적으로 추진해왔지만, 이제는 그 이상의 시스템적 도약이 필요하다.

　이런 문제의식 속에서 나는 '국가AI연구원' 설립이라는 새로운 목표를 세웠다. 이는 단순한 연구소가 아니라, AI 산업을 융합하고 인재, 기술, 공공정책을 하나로 잇는 국가 차원의 중추 기관을 광주에 세우겠다는 구상이다. 이 구상은 이재명 대통령의 공약이자 약속이기도 하다. 조인철 국회의원 역시 내년도 예산안에 이 계획이 반드시 반영되어야 한다며 국회 차원의 지원을 이어가고 있다.

　AI 인재양성 사다리도 정부 정책에 따라 더 촘촘하게 구축되고 있다. AI사관학교는 기초 중심의 중등과정과 전문가 중심의 최고급과정으로 세분화될 예정이며, GIST AI대학원도 우수 전문 인재가 더 많이 유입될 수 있도록 체계를 개편하고 있다. 또한 한전공대-GIST-전남대로 이어지는 K-그리드 인재양성 체계를 강화하려는 시도가 한창이다. 사람을 통해 기술을 완성하는 도시, 그것이 바로 우리가 만들어가야 할 AI 중심도시 광주의 미래다.

　둘째는 인프라 구축, 즉 국가AI반도체(NPU)컴퓨팅센터 설립이다.

　AI 연구의 또 다른 핵심 칩인 NPU는 이미 국내에서 상용화 단계에 들어섰다. 특히 에이직랜드, 에임퓨처, 퓨리오

서울미래컨퍼런스에서
국가AI반도체(NPU)컴퓨팅센터 설립을
정부에 공식 제안하다.(2025.11.5.)

사AI, 리벨리온 등 25개 팹리스 기업이 광주에서 실증·검증 사업을 거치며 국산 NPU를 개발하고 있고, 고도화와 상용화에 속도를 내고 있다.

NPU의 가장 큰 장점은 GPU보다 전력 소모가 최대 3배 이상 적다는 점이다. 불필요한 회로를 제거하고 연산 기능에 집중해 효율을 극대화했기 때문에 배터리 수명이 중요한 스마트폰·노트북 등에도 적용 가능하며, 세계 시장은 이미 NPU와 GPU 병행 구조로 전환해 초거대 AI 모델의 경량 학습과 핵심 연산을 수행하는 흐름을 따라가고 있다.

기존 국가AI데이터센터와 NPU센터가 결합되면 AI 기술을 활용하려는 기업과 연구 인력이 모여들 것이고, 광주는 AI 시장을 선점할 수 있으며, 지금이 그 골든타임이다.

셋째는 기업실증, 즉 도시 전체를 AI 규제프리 도시로 지정하는 일이다.

싱가포르에서는 도심 쇼핑몰의 복도에서 배송·순찰 로봇개가 사람들 사이를 지나다니고, 무인 자율주행차가 공공도로를 주행하며, 도시 전체에서 방대한 데이터를 모은다. 상상 속 이야기가 아니다. 싱가포르 풍골 디지털혁신지구의 현실 이야기다. 풍골은 기술 간의 경계를 허물고 도시 차원의 데이터가 물 흐르듯 연결되도록 규제를 과감하게 풀어 실증도시를 표방했다. 그렇게 규제를 풀고 실증도시를 열자 16만 명의 젊은 인구가 유입됐다.

또, 인구 11만 명의 도시에 병원 종사자만 4만 명에 이르는 미국의 한 병원이 있다. 도시 전체 호텔과 식당 이용자의 70%가 그 병원의 환자와 가족일 정도로, 병원 하나가 도시 전체를 먹여 살리는 메이요클리닉 이야기다. 그 메이요클리닉이 최근 AI 병원으로 전환했다. 뇌졸중 환자의 CT를 AI가 분석하여 진단 시간을 단축하고 뇌손상을 줄이며, 심

전도 패턴을 AI가 분석하여 질병을 예측한다. 아울러 기업과 손잡고 새로운 AI 의료 솔루션을 개발하고 있으며, 의료진 양성에도 AI를 활용하고 있다.

광주가 새롭게 추진하는 AX실증밸리 사업과 AI모빌리티 신도시의 핵심도 같은 방향에 있다. 즉 도시와 생활공간 전반에서 실증을 통해 시민의 삶을 가장 먼저 AI로 변화시키는 것이고, 이 실증의 핵심은 규제 없는 실험과 실증을 기반으로 AI 산업을 육성하는 것이다.

김민석 의원, 하정우 네이버클라우드 센터장과 함께 AI를 공부하다.
(2024.10.29.)

지금까지의 규제는 "이것만 되고 다 안 된다"는 조건부 개별적 규제였다. 개발과 실증 과정에서 하나의 규제를 넘으면 또 다른 규제가 앞을 가로막았다. 이제는 기술·인프라·공간을 하나로 묶어 "이것만 빼고 다 되는" 초규제프리 전략이 필요하다. 중국 우한이 도시 전체를 자율주행 실험장으로 만들어 '규제가 사라진 도로'를 만든 것처럼, 두바이가 가상자산 규제기구를 신설해 전 세계 자본과 기술기업을 끌어모은 것처럼, 정부가 보험과 제도, 인프라를 정비해 기업이 마음껏 기술을 실증할 수 있는 환경을 마련해야 한다. 광주 도시 전체를 AI 규제프리 도시로 지정하고 광주에 투자하는 길이, 대한민국이 세계 AI 강국으로 나아가는 가장 빠른 길이다.

음원인식 앱 '샤잠(Shazam)'의 공동 창업자이자 기술 투자자인 디라지 무케르지(Dhiraj Mukherjee)의 연설도 인상 깊었다. 그는 'AI 시대의 리더십'을 주제로 이렇게 말했다.

"미래에 무엇이 기다리고 있는지는 알 수 없습니다. 하지만 우리가 어디로 가야 하는지는 분명합니다. 정부는 환경을 조성하고, 신뢰를 만들고, 모두를 포용해야 합니다."

그 말 속에는 단순한 기술적 선언을 넘어, AI가 만들어 낼 변화 속에서 무엇이 공공의 이익이 될 것인지에 대한 깊은 성찰이 담겨 있었다. 광주의 AI가 가져가야 할 고민과 결이 같다는 생각이 들었다.

서울미래컨퍼런스에서 다른 지자체 단체장이 아니라 왜 광주시장이 기조연설을 맡았는지, 그 이유를 모두가 생각해 보길 바란다.

딥시크에서 광주를 생각하다

지난 9월, '세계 AI의 심장부'라 불리는 중국 항저우와 상하이를 찾았다. 3박 4일의 짧은 일정이었지만, AI 생태계를 이루는 도시의 구조와 인프라의 철학, 그리고 인재양성 시스템까지 직접 보고 싶었다. 그래야 광주가 추진 중인 '모두의 AI' 전략을 더 촘촘하게 다듬고, 현실적인 방향으로 발전시킬 수 있을 것 같았다.

출장에 앞서 첨단3지구 인공지능집적단지에서 '모두의 AI, 광주 비전 선포식'을 열고, 예타 면제가 확정된 6,000억 원 규모의 2단계 AX실증밸리 사업을 바탕으로 시민의 일상과 산업 분야를 포함한 도시 전반이 AI로 어떻게 변화할지 공개했다.

중국에서의 일정은 새벽부터 밤늦게까지 이어졌다. 광주의 AI 정책을 책임지는 인공지능산업실 국장을 비롯해 7급 실무자까지 동행했다. 모두가 직접 보고 경험하며 몸소 배워야 창의적 아이디어도 나온다고 믿었다.

우리는 중국 유일의 디지털산업 국가급 전시회인 '항저우 디지털 무역 박람회', '항저우 AI컴퓨팅센터'와 'AI 타운', 상하이AI연구원, 화웨이 렌추후 연구개발(R&D)센터, 그리고 항저우 육소룡 중 세 곳 '딥시크'의 량원평과 '딥로보틱스'의 주추궈, '매니코어'의 천황, 황샤오황, 주하오 등의 모교인 저장대학교 등을 찾아가 현장을 직접 확인했다.

컴퓨팅센터와 실증타운 등을 시찰하며 중국에서 찾은 답은 하나였다. 국가의 전폭적인 지원만이 AI 3대 강국 실현을 가능케 하는 토대가 된다는 사실이었다. 2017년까지만 해도 광주와 항저우는 거의 같은 출발선에 서 있었다. 광주가 AI 1조 원 프로젝트를 시작할 때 항저우는 국가 주도 '신세대 인공지능 발전계획' 프로젝트를 시작했다. 출발은 비슷했지만 지금은 압도적으로 차이가 벌어졌다.

차이를 만든 것은 기술의 문제가 아니라 정책의 의지, 정

중국 저장대학교를 방문해 인재양성 교류 협력(2025.9.25.)

부의 전폭적 지원, 그리고 집적(集積)의 힘이었다. "광주에도 예산 폭탄을 내려주십시오" 하는 마음이 절로 들었다.

저장성 정부는 이런 기업들의 성장을 단순히 민간의 노력에만 맡기지 않았다. 정책과 예산, 인재와 공간이 정교한 시스템 속에서 연결되어 있었다. 나는 그 시스템의 주역들을 직접 만났다. 루산 저장성 부성장, 최런시엔펑 부비서장, 구젠신 외사판공실 주임, 정샤오펑 과학기술청 부청장, 루융 상무청 부청장까지 이들과의 만남은 항저우 AI 생태계의 내부 구조를 이해하는 귀한 시간이었다.

중국 화웨이 렌추후 상하이 연구센터를 돌아보다.
(2025. 9. 27.)

루산 부성장은 이렇게 말했다

"AI의 미래는 경쟁이 아니라 연결과 연대입니다. 인류
가 함께 만들어가야 하는 기술입니다."

나는 그의 말에 깊이 공감하며 이렇게 답했다.

"기업이 실패를 두려워하지 않도록 지원하는 정책, 창
업부터 기술 상용화까지 전 주기를 뒷받침하는 시스템

이 부럽습니다. 그러나 광주 역시 같은 길을 향해 걷고 있습니다."

실제로 항저우의 모델은 광주가 지금 만들어가는 길이기도 하다.

도시가 스스로 미래를 설계하고, 인재를 키우며, 산업을 연결해 AI를 산업의 언어로 만드는 길, 그것이 광주가 추구하는 방향이다.

'이보다 더 좋을 수 없다'
준비된 도시 광주

광주가 국가AI컴퓨팅센터 유치에 나선 첫 번째 이유는 국가
가 주도하는 공공컴퓨팅센터이기 때문이었다. 이제 그 꿈은
국가AI반도체(NPU)컴퓨팅센터로 현실화될 것이다.

국가가 운영하는 대형컴퓨팅센터는 단순한 전력다소비
컴퓨팅연산 인프라가 아니라 R&D 기반 시설이기 때문에
연구기관·전문인력·기업이 집적된 생태계와의 연계성이 훨
씬 중요하다. 미국의 오크리지 국립연구소, 로렌스버클리 국
립연구소, 일본의 리켄 슈퍼컴퓨터, 츠쿠바 연구단지 등 전
세계의 주요 공공컴퓨팅센터도 이러한 이유 때문에 연구 생

태계가 잘 갖춰진 곳에 자리하고 있다.

민간컴퓨팅센터는 민간기업의 목적과 방향에 따라 개방성에 제약이 있지만, 국가컴퓨팅센터는 AI를 필요로 하는 많은 기업들이 혜택을 받을 수 있는 개방형 구조다. 광주는 그동안 국가AI데이터센터 운영을 통해 그 가능성을 입증해왔다.

이미 광주는 AI를 필요로 하는 기업들에 AI데이터센터 컴퓨팅서비스와 실증 장비를 제공해왔고, 국가AI컴퓨팅센터 유치는 더 많은 기업들이 더 많은 혜택을 누리며 더 많은 기회를 가질 수 있다는 점에서 반드시 필요했다.

둘째 이유는 초거대AI연산자원의 추가 확보가 필요했기 때문이었다. 현재 AI는 초거대AI언어모델부터 소버린AI, 온디바이스AI, 피지컬AI 등 다양한 분야로 빠르게 확산되며, 기술 주도권 확보 경쟁이 치열하다. 대규모 데이터와 강력한 컴퓨팅 파워를 활용하여 더 복잡하고 어려운 문제를 해결하기 위해서는, 기존 국가AI데이터센터 외에도 추가적인 초거대컴퓨팅연산자원의 추가 확보가 필요했다.

사실 국가AI컴퓨팅센터 유치를 위해 광주는 올해 초 1차 공모 이전부터 민간기업과 함께 노력해왔으며, 전국 단위 언론 기고, 토론회, 방송 인터뷰 등을 통해 광주 유치의 당위성

광주 세일즈를 위해 처음으로 지역 기업들을 이끌고 간 CES,
반도체로 부강한 광주를 꿈꾸다.(2023.1.)

을 꾸준히 알렸다.

지난 7년간 AI 중심도시 완성을 목표로 AI집적단지 조성과 AI사관학교 설립 등 인재·연구·산업이 맞물린 AI 생태계를 구축해온 만큼, 국가AI컴퓨팅센터의 역할과 기능에 맞게 GIST·연구기관·첨단기업들이 집적된 첨단3지구에 부지를 마련해 놓기도 했다.

전체 사업비 2조 5,000억 원 중 부지비는 1.2% 정도인 300억 원에 불과했지만, 부지 가격도 도심 한복판 500~700만 원대 복합용지를 200만 원대로 제시해 경쟁력을 높였다. 전력도 한전의 이중화 기술평가서를 공식 제출해 요건을 충족했고, 향후 RE100산업단지 지정 시 전남과 동일한 감면을 적용받도록 입법 추진을 약속했다. GPU 자원 우선구매, 투자유치보조금 등 타 지역이 제시하기 어려운 조건도 제안했다.

용수도 문제가 되지 않았다. 사업자가 요청한 일일용수량은 1,200톤으로 광주 전체 취수량의 0.2%에 불과했다. 일각에서 제기하는 '극한 가뭄 대응' 우려 역시 이미 2023년 최악의 가뭄 이후 광주시의 제안으로 광주·전남의 물그릇이 하나로 연결되면서 해소되고 있다.

비록 국가AI컴퓨팅센터 유치는 아쉽게 무산되었지만,

광주는 결코 멈추지 않았다. 오히려 국가AI반도체(NPU)컴퓨팅센터와 AI 규제프리 실증도시라는 새로운 길을 스스로 개척하며 더 넓은 미래로 나아가고 있다. 이제 광주는 AI 모빌리티 신도시와 자율주행 실증도시로 대표되는 모빌리티를 비롯해 헬스케어, 에너지, 콘텐츠 산업 전반에 혁신의 무대를 가장 먼저, 가장 크게 실현하는 도시가 될 것이다.

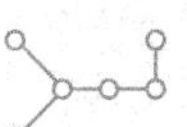

03

과정 없는
결과는 없다

그것이 강기정의 길이었다

군공항 이전을
대통령 약속으로 만들기까지는
특별법 제정, 무안 이전 선언, 주민소통,
소음대책 등 숱한 고비를 넘어야 했다.

복합쇼핑몰도 마찬가지였다.
시민사회, 소상공인과의 대화와
공정·투명·신속 행정절차와 협상으로
5,899억 원의 공공기여금을 확보했다.
'더현대 광주'는 '더현대 서울'보다
1.4배 더 큰 규모로 착공에 들어간다.

모두가 '불가능'하다고 고개를 저을 때
길이 막히면 뚫었고
길이 없으면 만들었다.

"반드시 해내겠다!"
시민들과 한 약속이었기에
뚫고, 깨고, 결국 이겨냈다.
그것이 강기정의 길이었다

'서남권 관문공항'을 위한
3단계 전략

"전남이 커야 광주가 커집니다."

2017년, 광주시장 출마를 결심했을 때 내게 가장 중요한 의제는 '더 큰 광주'를 실현하기 위한 광주·전남 상생이었다. 나는 이를 위해 500만 광역경제권을 구상했고, 그 성공의 핵심 열쇠는 '관문'을 여는 일이었다.

광주·전남이 진정으로 발전하려면, 무안국제공항에 광주 민간공항과 군공항을 이전해 항공과 물류를 집적하고 도시의 교통 접근성을 획기적으로 높여야 했다.

선거에서 1,000만 평 규모의 공항도시를 제안했다. 물류, 관광, 컨벤션, 상업시설 등 다양한 고부가가치 기능을 갖춘 공항복합도시를 조성해 국제도시로 키우자는 구상이었다. 그러나 선거에서 떨어지며 공항도시의 꿈은 잠시 접어야 했다.

2020년 8월, 청와대 정무수석을 마친 직후 나는 2박 3일 일정으로 대구, 의성, 군위를 찾아 대구·경북 신공항 추진 현장을 직접 살펴보았다. 대구와 경북이 어떻게 해법을 찾아갔는지 직접 듣고 싶었다. 당시 군위를 대구에 편입시켜, 대구 군위와 경북 의성에서 각각 절반씩 부지를 공여해 대구·경북 신공항을 건설하기로 한 탁월한 타협과 결정 과정을 확인하고 싶었다.

이 사례는 결국 무산되긴 했지만, 함평과 광주의 통합을 통해 실현해보려고 했던 '플랜B 구상'에 중요한 참고가 됐다. 이는 결과적으로 광주·전남이 통합공항 이전지를 무안으로 선언하는 데 촉매제 역할을 톡톡히 했다.

2022년, 다시 광주시장 후보로 나서면서 나는 정무수석 시절 구상했던 '1,000만 평 공항도시' 사업에 '서남권 관문 공항'이라는 새 이름을 붙였다. 이 사업이 특정 지역의 문제가 아니라, 광주·전남을 포함한 서남권 전체가 세계와 연결되는 관문을 여는 일이라는 사실을 분명히 하고 싶어서였다.

동시에 복합쇼핑몰 등 주요 현안을 해결하겠다며 '이제는 됩니다, 5+1' 공약도 내걸었다. 공항 문제는 +1 과제로 분류했다. 공항 이전은 워낙 해결하기 어려운 문제이기도 하고 아주 오랜 시간이 소요되는 사안이기에 당장 눈에 보이는 성과를 내기는 어렵지만, "임기 내 이전 후보지를 확정해 도장 찍겠다"는 강한 의지의 표현이었다.

시장이 된 후, 공항 문제 해결을 위해 전략을 치밀하게 준비하기 시작했다. 서남권 관문공항을 열기 위한 관건은 세 가지였다. '특별법 제정, 무안으로 이전 합의, 정부 지원'이 시급했다.

우선 홍준표 대구시장과 함께 10년간 답보상태에 머물렀던 특별법 문제를 해결해 국가의 재정지원 근거를 마련했다. 김영록 전남지사와 협의를 통해 이전지를 무안으로 공식화하고, 광주시가 감당할 수 있는 최대 수준인 1조 원 규모 보상지원 방안도 약속했다. 소음·보상 정보를 투명하게 공개하고 주민들과 직접 소통하며 지역 신뢰를 쌓았다. 동시에 민주당과 정부를 움직여 이 사안을 국가적 과제로 끌어올리고, 대선 과정에서는 '국가 지원·대통령 직접 관리·무안군민 보상'이라는 원칙을 관철시켜 정부가 책임지는 구조를 만들어냈다. 자세히 들여다보자.

홍준표 시장과 함께한
광주·대구 공항특별법 동시 통과 기념식
(2023.4.17.)

1단계 - 정부 지원을 명시한 특별법 제정

민선 8기 출범 직후인 2022년 7월 28일에는 광주·전남 상
생발전위원회 합의문을 발표하며 국무총리실 범정부협의체
구성을 촉구하고, 특별법 제정을 위한 공동 노력을 공식화
했다. 정치적 의지와 제도적 틀을 동시에 만들어가는 투트
랙 전략이었다.

　하지만 기존 법체계에서 군공항 이전은 기부대양여 방
식에 따라야 했고, 이는 광주시의 재정만으로는 도저히 감

당하기 어려운 규모였다. 이 난제를 풀기 위해 나는 홍준표 대구시장과 머리를 맞댔다. 이미 대구·경북 신공항을 추진하며 앞서가던 대구와 함께 '대구·경북 신공항 특별법'과 '광주군공항이전 특별법'을 함께 추진하는 '쌍둥이 특별법' 구상에 합의했다.

그 결과 2022년 11월 송갑석 의원이 '광주군공항이전 특별법'을 발의했다. 이 법안에는 부족한 예산에 대한 국가 지원을 제도적으로 뒷받침하는 내용을 담았다. 이듬해인 2023년 4월 13일, '광주군공항이전 특별법'이 국회를 통과했다. 그때만 해도 나는 군공항 이전이 이제는 속도를 낼 것이라고 확신했다. 오래 눌러두었던 숨이 탁 트이는 듯한, 큰 기쁨과 안도의 순간이었다.

2단계 - 민·군 통합공항의 무안으로 이전 합의 선언

사실 군공항 이전이라는 과업은 한 시장의 임기 안에 완공까지 책임질 수 있는 사업이 아니다. 군공항 이전은 광주의 10년 이후를 내다보며 진행해야 하는 프로젝트다. 그래서 나는 내 임기 동안 광주 군공항의 이전 지역을 '무안'으로 확정하는 것만으로도 전체 사업의 90%를 해내는 것이라고 보았다. 무안 이전만 합의된다면 이후에는 공항 건설이라는 물리적 절차만 남기 때문이었다.

2023년 5월부터는 김영록 전남지사를 만나 본격적인 논의를 이어갔고, '이전 지역 지원사업 발굴 및 설명회 등 상호 협력'에 합의하는 공동발표문을 내고, 특별법 제정 이후 군공항 이전을 실질적으로 진전시키기 위한 협력을 강화하기로 했다. 이어 6월에는 광주시가 제시할 수 있는 최고 수준의 카드를 모두 꺼내 들었다. 1조 원 규모의 지역개발사업 지원, 지역 맞춤형 지원 방안 마련, 이주·정착을 위한 특별지원 등 광주시가 제도와 재정의 테두리 안에서 할 수 있는 모든 지원 방안을 전남에 제시했다. 그해 12월에 전남과 함께 "군공항 이전에 의미 있는 진전이 있는 경우 KTX 개통 시기에 맞춰 민간공항을 이전한다"는 공동 합의를 이끌어냈다.

군공항과 민간공항, 광주와 전남을 하나의 큰 그림 속에서 함께 옮기는 서남권 '공항신도시' 구상이 점점 구체적인 윤곽을 갖춰 가고 있었다. 나는 그것이 곧 서남권 관문공항을 만드는 길이라고 믿었다. 그러나 여전히 무안군민의 불신은 컸고, 반대 여론도 거셌다.

김영록 전남지사와 군공항 무안 이전 합의를 처음으로 선언하다.
(2023.12.17.)

3단계 - 이전지역 주민에게 정확한 사실을 알리고 신뢰 구축

2024년 4월, 오랫동안 말로만 떠돌던 무안 이전 구상을 공식적이고 구체적으로 밝히는 자리를 마련했다. 깊은 오해를 풀고 신뢰를 쌓기 위해서는 직접적인 소통이 필요하다고 판단했다. '소음 피해 대책 및 지원 방안 토론회'를 열어, 2007년 무안공항 개항 이후 말만 무성했던 광주 군공항의 이전

지역을 마침내 '무안'으로 특정하는 명확한 근거를 제시하고, 예상되는 소음 피해 규모와 보상 범위를 투명하게 공개했다. 무안의 어느 지역이, 어떤 정도로 영향을 받는지, 어떤 보상과 지원을 받을 수 있는지가 투명하게 드러나는 자리였다.

이어 5~6월에는 무안, 망운, 현경면을 중심으로 '통합공항 홍보 캠페인'과 '열린 대화방'을 운영했다. 광주의 공무원들은 농촌 일손 돕기, 지역 축제 참여 등 다양한 방식으로 무안군민들과 자연스럽게 어울리며 소통했다. 내가 직접 가고 싶었던 자리들도 많았지만, 시장이 나서는 순간 자칫 갈등이 더 증폭될 수 있다는 우려가 있었기에 광주의 공직자들이 주말과 휴일까지 반납하며 그 자리를 채웠던 기억들이 선명하다.

그 사이 광주 시민의 이해를 구하는 일도 소홀히 하지 않았다. 직접 또는 간접 피해가 예상되는 광산구와 서구를 찾아가 군공항 이전의 필요성과 방향에 대해 상세히 설명하며 지역 내 공감대를 넓혀갔다.

마지막 주자,
이재명 대통령의 등장

드디어 2024년 7월 30일, 무려 6년 만에 무안군수가 참여한 광주시장·전남지사·무안군수의 3자 회동이 영암에서 열렸다. 호남의 상생발전을 위해 함께 가자고 진심을 담아 설득했지만, 결국 무안군수의 반대로 회동은 빈손으로 끝났다. 광주시장으로서 할 수 있는 거의 모든 것을 다했다고 판단했을 때, 지방정부끼리만 머리를 맞대서는 더 이상 진전을 기대하기 어렵다는 결론에 이르렀다.

그 판단 끝에 2024년 9월, 나는 민주당에 '민주당 차원의 군공항 이전 특별위원회' 구성을 공식 건의했다. 동시에 국무총리실에 "범정부 협의체를 재가동해달라"고 요청하며, 이 문제를 중앙정치와 정부가 책임 있게 중재해야 할 국가 의제로 다시 끌어올렸다.

광주의 힘만으로는 한계가 있다는 사실을 솔직하게 인정하고, "하늘은 스스로 돕는 자를 돕는다"는 말처럼 우리가 할 수 있는 최선을 다한 뒤에는 국회와 정부의 역할을 촉구하는 단계로 넘어간 것이다. 이 과정에서 나는 양부남·박균택 의원 등과 지속적으로 긴밀히 협의했고, 한상원 광주상공회의소 회장에게도 협조를 구했다. 또 김민석·김병주 최고위원을 찾아가 도움을 요청하는 일도 빼놓지 않았다.

이어 10월에는 국무총리와 민주당 대표에게 친서를 전달하며 호남 발전과 광주 발전을 위해 군공항 이전 문제에 직접 나서줄 것을 호소했다. 그리고 11월 21일에는 국무총리를 직접 만나 민·군 통합공항 이전을 위해 실질적인 지원을 요청했다. 지방정부가 활용할 수 있는 설득과 제안의 수단을 거의 소진해가던 시기였다.

지성이면 감천이라고 했던가, 결국 민주당의 지도부가 움직였다. 광주·전남 상생발전 TF 구성에 합의하고, 김민석·김병주 최고위원 중 누가 위원장을 맡을 것인지만 남겨두었다. 12월 초 광주에서 민주당 최고위를 열고, 그 자리에

호남의 힘, 광주의 편지

이재명 대표님께,

참으로 많은 국정 현안에 노고가 많으십니다.

우리 광주는 요즘 기분 좋은 일이 많아 힘이 납니다.

한강 작가의 노벨문학상 수상, 기아타이거즈와 광주FC의 연전연승, 광주 상생형 일자리 GGM에서 만드는 캐스퍼 전기차의 수출, 복합쇼핑몰과 지하철 광천–상무선 추진 등 연이은 기쁜 소식으로 광주 시민들은 기대에 차 있습니다.

다만, 광주의 숙원인 〈민·군 통합공항 무안 이전〉 사업이 여전히 진전이 없어 시민들이 매우 안타까워하고 있습니다.

그동안 우리 광주는 ①기부대양여를 넘어서는 정부 지원방안을 담은 〈광주 군공항 특별법〉 제정, ②전남도와 함께 무안으로의 민·군 공항 통합이전 선언, ③무안군민과의 직접 소통 등 많은 성과를 내었지만, 여전히 이전 후보지가 결정되지 못하고 있습니다.

결국 중앙과 지방, 정치와 행정의 줄탁동시(啐啄同時)로만 해결될 일입니다. 광주·전남·무안의 노력은 세 단체장이 속한 민주당 중앙당이 힘을 보태주셔야 결실을 맺을 수 있을 듯합니다.

민주당 중앙당 차원에서 〈특위〉 구성으로 답해주시기를 요청드립니다.

2024. 10. 29.

5·18 전야제가 열린 금남로에서
이재명 후보에게 군공항 이전을 설명하다.(2025.5.17.)

서 이재명 대표가 직접 TF 구성을 공식화하기로 했다.

그런데 2024년 12월 3일, 불법 계엄이 선포되면서 국정 전반이 사실상 마비됐다. 범정부협의체를 재가동하고 여야와 정부, 지방정부가 함께 해법을 찾으려던 우리의 노력은 국가적 위기 앞에서 모두 멈춰 설 수밖에 없었다.

대통령 탄핵과 대선을 거치며 정국은 급변했다. 대선을 보름여 앞둔 2025년 5월 17일 광주를 찾은 이재명 당시 후보는 김대중컨벤션센터 앞 유세 현장에서 광주 군공항 이전에 대해 공개적으로 약속했다. 후보가 공약을 발표하기까지 양부남 위원장의 노력도 한몫했다.

　나는 금호타이어 화재 현장에서 이 소식을 들었고, 곧바로 5·18 전야제 민주평화대행진 출발지로 이동하는 길에 후보의 약속을 '군공항 이전 3대 원칙 - ① 국가의 지원, ② 대통령 직접 관리, ③ 무안군민에 대한 충분하고 합리적인 보상'으로 정리해서 시민들에게 공유했다. 한 시간 뒤 금남로 전야제 현장에서 만난 이재명 후보에게 정리된 내용을 다시 보여주며 확실히 도장을 찍었다. 군공항 이전을 국가적 과제로 못 박기 위한 마지막 노력이라고 할 수 있다.

　대선 이후 2025년 6월 25일 광주 타운홀미팅이 하루 전날 갑자기 잡혔다. 6월 24일, 나는 미리 약속한 김용범 정책실장과의 미팅을 위해서 대통령실을 찾았다. 그 자리에서 나는 "내일 타운홀미팅에서 군공항 이전 TF를 정책실장 소관으로 만들어야 한다"고 제안했다. 무안이 고향이고 광주 대동고를 졸업한 김용범 실장이야말로 광주와 전남의 현실과 감정을 가장 잘 아우를 수 있는 사람이라고 판단했기 때문이다.

　다음 날 열린 타운홀미팅에서 이재명 대통령은 우리의 기대를 저버리지 않고, 군공항 이전은 정부가 책임져달라는 나의 구체적 제안을 받아들였다. 이로써 '광주 군공항 이전'

김영록 지사, 김산 군수, 김용범 정책실장과 함께
군공항 4자 협의로 환하게 웃다.(2025.11.19.)

문제는 명실상부하게 정부와 대통령 주도하는 국가적 현안
으로 자리 잡았다.

이후 여러 차례 실무협의를 거쳐 2025년 11월 19일, 이
재명 대통령이 타운홀미팅에서 약속한 '대통령실 주관 군공
항 이전 6자 협의체' 구성을 위한 사전 논의의 자리가 마련
됐다. 나와 김용범 실장, 김영록 전남도지사, 김산 무안군수

가 한자리에 앉아 그동안 각 기관이 제기해온 쟁점들을 논의하고 주요 현안에 대해 상호입장을 공유하며 조율했다.

특히 무안군의 발전을 위한 국가산단 조성 등 첨단산업 기반 확충에 적극 협조하기로 합의했다. 또한 주민지원사업 재정 확보 방안, 호남고속철도 2단계 개통에 맞춰 광주 민간공항을 이전하기 위한 논의도 구체화됐다. 그동안 여러 난제가 얽혀 속도를 내지 못했던 통합이전 논의가 이 4자 사전협의를 통해 비로소 의미 있는 진전을 이루었다. 광주·전남·무안 3개 지자체는 이번 협의 내용을 발판 삼아 6자 협의체에서 완전한 합의를 도출할 계획이다.

한 가지, 아직도 마음에 선명하게 남아 있는 장면이 있다. 2024년 5월쯤이었을 것이다. 무안군민에게 꼭 전하고 싶은 말이 있어 펜을 들고 편지를 썼다. 통합이전이 호남의 미래를 여는 길이라는 확신, 그리고 그 진정성을 무안군민에게 꼭 전해야 한다는 절실함이 나를 책상 앞에 앉혔다. 그때 쓴 '약속의 편지' 마지막 문장은 지금도 내 마음을 그대로 대변한다.

"민·군 통합공항을 만들어 사람과 물류가 북적이는 공항, 공항 주변 상권과 산업이 활성화되는 도시로 발전하는 길, 서남권 관문공항으로 가는 그 길에 함께 하겠습니다."

광주 군공항 이전을 둘러싼 긴 여정을 돌아보면 여러 일들이 떠오른다. 서남권 '공항신도시'를 만들겠다는 꿈, 광주와 대구가 함께 만들어낸 '쌍둥이 공항 특별법' 구상, 무안 군민에게 전한 약속의 편지, 무안 사랑방과 일손 돕기를 통해 공직자들이 보여준 진심 어린 노력들…. 이 모든 과정은 군공항 이전이 단지 군 시설을 옮기는 문제가 아니라, 광주와 호남의 미래 기반을 다시 설계하는 일이기에 가능했다. 서남권 관문공항은 단순한 인프라 사업이 아니라 사람과 물류, 산업과 문화가 북적이는 새로운 성장 축을 만들어낼 비전 그 자체였다.

이제 바통은 국가와 정치권으로 넘어갔다. 누가 마지막 주자가 되어 결승점을 통과하더라도, 그 결과 속에는 분명 광주 시민과 함께 걸어온 지난 시간의 발자국이 새겨져 있을 것이다.

군공항이 떠날 자리는 광주 도심 한복판이다. 현재 민간공항과 함께 운영 중인 군공항은 820만㎡, 약 248만 평에 달한다. 이전 추진 중인 서구 탄약고 부지까지 더하면 광주

도심 한복판에 여의도 면적의 5배가 넘는 유휴부지가 새로 생기는 것이다.

나는 이 공간이 '부강한 도시 광주'의 마지막 퍼즐이 될 것이라고 확신한다. 그곳에는 AI와 빅테크 등 신성장 첨단산업을 중심으로 한 '광주형 실리콘밸리'가 조성될 것이다. 첨단기술 기업들의 집합소를 넘어 인재·자본·문화·교육 기관 등이 유기적으로 결합된 새로운 혁신 생태계이자 미래 먹거리 터전이 될 것이다. 생태 환경 등 정주 여건도 뒷받침될 것이다.

군공항 무안 이전은 서남권 관문공항을 여는 일이자 대한민국 미래산업의 축을 서남권으로 옮겨올 절호의 기회다. 광주와 전남이 함께 도약하며 상생의 지도를 다시 그려나갈 것이고, 그 시너지는 매우 클 것이다.

이에 더해 나는 이재명 정부의 '5극 3특' 국가균형성장 전략의 1호 모델로 광주·전남특별광역연합을 제안했고, 현재 설립을 위한 행정절차를 진행하고 있다. 지방시대위원회에서 확정된 '5극 3특 국가균형성장 전략'에 부응한 것으로, 광주·전남이 국가 균형발전의 선도적 테스트베드로 자리매김하는 전환점이 될 것이다.

무등산 방공포대,
이젠 안녕

코로나19 이후 3년 만에 무등산 정상 개방 행사가 열린 2022년 10월 8일, 나는 시민들에게 깜짝 소식을 전했다. 취임 직후부터 공군본부에 무등산 정상 상시 개방을 요구해왔는데, 마침내 공군이 "철책과 전망대를 조정해 상시 통행로를 확보하고, 상시 개방에 동의한다"는 공식 답변을 보내왔기 때문이다. 그동안 서석대까지만 오를 수 있었던 시민들이 이제는 언제든 정상까지 오를 수 있게 된 역사적 변화였다. 그 자리에서 나는 "새해 첫 일출을 무등산 정상에서 함께 맞이하자"고 약속했다.

무등산은 나에게 단순한 산이 아니다. 김남주 시인의 "그대가 앉으면 만산이 따라 앉고, 그대가 일어서면 만파가 일어선다"는 구절처럼, 들뜬 마음을 가라앉히고 가라앉은 마음을 일으켜 세워주는 넉넉한 품을 지닌 곳이다. 눈이 펑펑 내리거나 가을 단풍이 절정에 오를 때면 무등산을 찾고 싶은 마음이 절로 든다. 많은 광주 시민도 비슷할 것이다.

하지만 정상은 1960년대 중반 방공포대가 들어선 이후 60년 가까이 군사시설 안쪽에 갇혀 있었다. 시민들은 서석대까지만 오를 수 있었고, 그 너머는 바라보기만 해야 했다. 2000년대 들어 시민사회가 군부대 이전을 요구하면서 상황이 조금씩 바뀌었다. 2007년에는 시민·환경단체가 중심이 되어 국방부에 군부대 이전을 공식 건의했고, '무등산 군부대 이전 10만인 서명운동'이 전개되기도 했다. 2013년 무등산은 도립공원에서 국립공원으로 승격됐다. 2015년에는 광주시·국방부·국립공원공단이 정상 군부대 이전과 복원에 합의했지만, 후보지 선정과 예산 확보가 지연되며 실행으로 이어지지 못했다.

2022년 여름, 시장 취임 직후 언론 인터뷰에서 나는 "무등산 정상 군부대 이전과 복원이 최우선 과제"라고 분명히 밝혔다. 군의 안보 시스템도 이미 첨단화·다각화된 만큼 군

안규백 국방부 장관과 군공항, 무등산 방공포대 이전 논의

에 방공포대 이전을 위한 예산 편성과 조속한 실무절차 이행을 촉구했다. 산 정상 군사시설의 이전과 복원은 단순한 경관 개선이 아니라, 광주의 정신적 상징이자 기후·환경의 축인 무등산을 온전히 회복하는 일이라고 믿었기 때문이다.

무등산시민연대와 환경단체들도 정상 군부대 이전과 복원을 촉구하는 토론회와 성명 발표를 이어갔다. "60여 년 가까이 군부대가 점유하며 환경과 경관이 훼손되고 시민 접근이 차단된 공간을 하루빨리 되돌려야 한다"는 시민사회의 요구는 너무나 정당했다.

57년 만에 시민의 품으로 돌아온 무등산 정상, 시민들과 함께 인왕봉을 오르다.
(2023.9.23.)

수차례 실무협의를 거친 끝에 1966년 이후 일반인의 발길을 허용하지 않았던 무등산 정상은 마침내 57년 만에 문이 열렸다. 2023년 9월 23일 오전 10시, 무등산 정상 인왕봉 상시 개방이 시작된 것이다. 상시 개방 구간은 서석대 주상절리에서 부대 후문 옆을 지나 인왕봉 전망대까지 이어지는 390m 왕복코스이다. 탐방로 폭도 1.8m로 조성해 탐방객들이 오가는 데 불편함을 최소화했다.

앞으로의 과제는 분명하다. 군부대를 이전하고 정상부를 복원해 전면 개방으로 나아가는 일이다. 이를 위해 후보지 선정과 이전 방식, 비용 분담, 관련 법·제도 개선 방안 등을 군과 중앙정부, 국립공원공단과 지속적으로 논의하고 있다.

또 하나의 중요한 과제가 무등산 방공포대 이전이다. 우리나라 국립공원 중 방공포대가 설치된 곳은 무등산이 유일하며, 무기체계 현대화에 따라 군사시설 재배치가 충분히 가능한 상황이다. 세계적 자연유산인 무등산 정상 완전 개방을 위해 방공포대 이전 부지 선정 등 정부와의 협의에도 속도를 내고 있다.

복합쇼핑몰이 온다,
광주가 달라진다

2025년 11월 20일, '더현대 광주'가 착공식을 했다. 2027년 완공, 2028년 개장을 목표로 달리고 있다. 광주의 복합쇼핑몰 프로젝트는 시민의 염원과 기업의 과감한 투자, 그리고 광주시의 전폭적인 행정 지원이 한데 모여 가능해진 결실이다. 그러나 그 과정이 처음부터 순탄했던 것은 아니다. 때론 벽을 만나기도 했다.

"복합쇼핑몰이 들어오면 전통시장, 소상공인 다 죽는다!"

"강기정 시장, 재선 안 할 겁니까? 왜 굳이 이 길을 갑니까?"

2022년 9월, 나는 직접 광주시 복합쇼핑몰 유치 방향을 발표했다. 일부 전통시장·소상공인들이 상권 위축을 우려하며 시청 앞에서 시위를 벌였다. 사방에서 직·간접적인 압박이 들어왔다. 나는 그 목소리들이 반대의 목소리라기보다는 '두려움에서 비롯된 우려'라는 사실을 누구보다 잘 알고 있었다.

그러나 광주는 달라져야 했고 시장의 결단이 필요했다. '노잼도시'라는 꼬리표 아래 청년들이 "광주는 누릴 게 없다"며 떠나는 현실을 더는 방치할 수 없었다. 새로운 활력이 필요했다. 더는 지체할 시간이 없었다. 광주에 활력을 불어넣고 사람들이 찾아오는 도시를 만들려면 복합쇼핑몰은 필요한 변화 중 하나였다. 수많은 시민들의 염원이기도 했다. 더욱이 이미 10년 넘게 복합쇼핑몰 논의가 표류하며 허송세월이 된 만큼 빠른 결단과 추진력이 필요했다.

나는 후보 시절부터 이 문제를 해결하기 위해서는, 기업을 단순히 '지원하는 행정'만으로는 부족하며, 기업을 '이끄는 전략적 행정'이 필요하다고 생각해왔다. 시장 취임 직후

'국가지원형 복합쇼핑몰 태스크포스(TF)'를 구성했고, 나도 TF의 일원이 되어 20여 차례 넘는 회의를 진행하면서 기존과는 다른 광주만을 위한 특별한 독자적 모델이 무언가를 고민하고 토론했다. 이렇게 탄생한 것이 '대한민국 No.1 메타N 컴플렉스(이하 메타N)'였다.

2022년 7월, 광주를 방문한 당시 여당 국민의힘 예상정책협의회에서 나는 이 '메타N 콤플렉스'를 제안했다. 당시 나는 교통 기반 시설 구축을 위한 6,000억 원을 포함한 9,000억 원의 국비 지원도 함께 요청했다. 당시 모두가 난색을 표하거나 비웃었지만, 그 예산은 지금 '광천-상무선'으로 실현되고 있다.

2005년에 수립된 어등산 관광단지 개발사업은 17년 동안이나 표류했다. 지역의 부족한 관광 인프라를 확충하고 관광산업을 활성화하기 위해 추진했지만, 민간사업자가 재정난과 사업성 부족 등을 이유로 잇따라 사업을 포기하면서 난항을 거듭해왔다. 2015년 지역사회를 들끓게 했던 백화점 확장과 터미널 복합개발 사업은 지역의 반대를 넘어서지 못하고 무산되었다. 그 사업은 결국 대전으로 이전되어 '신세계 Art & Science'가 되었고, 지금은 연간 방문객 2,400만 명에 달하는 중부권 랜드마크로 자리 잡았다.

이미 한 번 뼈아프게 놓친 경험이 있었기에 "이번엔 절대 놓칠 수 없다"는 마음이 강해졌다. 다시 허송세월을 할 수는 없었다. 나는 뒤로 물러서지 않았다.

"전통시장과 소상공인이 힘든 것은 복합쇼핑몰 때문이 아닙니다. 사람이 줄고, 소비가 온라인으로 넘어갔기 때문입니다. 우리는 질문을 바꿔야 합니다. 어떻게 상생할 것인가? 어떻게 광주로 사람을 더 오게 할 것인가? 복합쇼핑몰에 왔다가 양동시장도 들르고, 야구장도 들르는 그런 광주를 만들고 싶습니다."

나는 시민사회, 소상공인·자영업자 등과 토론도 마다하지 않았다. '도시이용인구'를 늘리는 것만이 결국 지역경제를 살리는 길이요, 소상공인과 전통시장 상인을 살릴 길이라는 논리로 시민사회단체와 소상공인들을 설득해 나갔다.

변화는 빠르게 찾아왔다. 광주시 복합쇼핑몰 유치방향 발표 두 달 만인 2022년 11월 18일, 현대백화점그룹이 '더현대 광주' 사업계획서를 제출했다. 곧이어 2022년 12월 28일 신세계프라퍼티도 사업계획서를 제안했다.

일부의 우려를 불식시키고 행정신뢰를 높여야 했기에 '공

GCC에서 시민과 함께
'2024 정책주제별 업무보고회'를 열다.(2024.2.1.)

정·투명·신속' 행정절차를 주문했다. 사업계획서가 접수되는 즉시 광주시 홈페이지에 내용을 공개하고, 도시계획위원회 회의를 생중계 하는 등 주요 절차를 투명하게 공개하는 방식으로 시스템 자체를 바꿨다. 원스톱 절차 도입으로 행정 처리 기간을 8개월 단축하는 데 성공했고, 전략적인 협상을 통해 5,899억 원이라는 공공기여금을 확보하는 성과를 거뒀다.

'복합쇼핑몰 상생발전협의회' 본격 가동에 속도를 내고 있다. 이는 소상공인, 사업자, 광주시가 모두 참여해 상생방안을 도출하는 협의기구로, 유통산업발전법상 유통업상생발전협의회를 준용한 협의체이다. 유통법에는 준공을 앞둔 대규모점포 등록 때 운영하도록 규정하고 있지만 선제적으로 협의회를 운영해 실질적인 상생방안을 모색할 예정이다.

이러한 노력들이 모여 결실로 이어졌다. 건축계의 노벨상이라 불리는 프리츠커상 수상 건축가인 '헤르조크&드메롱'이 더현대 광주 설계를 맡았고, 투자액은 약 1조 5,000억 원, 규모는 더현대 서울의 1.4배에 달한다.

2024년 5월 22일 '광주시-현대백화점 상호 협력 협약' 자리에서 정지영 현대백화점 대표이사에게 '광주에 투자하는 이유'를 묻자 다음과 같이 확언했다.

"현대백화점은 복합쇼핑몰에 대한 광주 시민들의 높은 기대와 바람을 알고 있기에 당사 최대 규모인 판교점 투자액 이상의 재원을 투자하면서 국내외 최고 인재들이 모여 준비하고 있다. 더현대 광주는 더현대 서울을 뛰어넘는 도전의 기회가 될 것이고, 완성 시에는 국내는 물론 세계적으로 찾아볼 수 없는 문화와 예술이 접목된 세계적인 명소가 될 것이다."

복합쇼핑몰 더현대광주 착공식(2025.11.20.)

복합쇼핑몰 더현대광주 조감도

광주신세계는 현재 광천터미널 부지에 신개념 복합도시 '더 그레이트 광주'를 오픈하기 위해 박차를 가하고 있다. 사업 규모는 약 4조 4,000억 원으로, 신세계그룹이 단일 사업으로 추진한 개발 중 최대 규모다. 과거 2조 원에 가까운 민간투자로 진행된 부산 '센텀시티'보다 두 배 이상 큰 사업이 광주에서 펼쳐진다. 신세계가 광주에 대한 장기적 투자 의지를 드러내는 상징적인 프로젝트라고 말해도 무방하다.

진행 중에 울산광역시가 백화점 대신 83층, 2,500세대 규모의 대규모 주거·산업 복합단지 2개 동 조성으로 사업 방향까지 바꿔가며 치열하게 유치전을 벌였지만, 최종 선택은 광주였다. 2015년의 아픈 역사를 반복하지 않기 위해 유스퀘어 매입·철거 절차를 속속 밟고 있다. 어등산 관광단지는 민선 8기 들어 소송 문제를 해결하면서, 17년간의 표류에 마침표를 찍고, 새로운 사업자를 확정하여 2030년 개장을 목표로 순항하고 있다.

나는 여러 도시의 사례도 꼼꼼히 살폈다. 스타필드가 자리한 하남과 코스트코 등이 있는 대전의 경우, 쇼핑몰이 생긴 뒤 체류형 비즈니스 관광객이 대거 늘었고, 경제 활성화에 긍정적인 영향을 미쳤다는 보고를 확인했다. 삼척의 전통시장 사례도 눈여겨볼 만했다. 대표적 기피 시설인 탄광촌을 지자체 예산을 투입해 청년 창업몰로 재탄생시키고, 노브랜드 매장을 입점시킨 이후 전국 젊은이들이 찾아오는 명소로 탈바꿈했다고 한다.

　광주는 지금 변화와 성장의 문턱에 서 있다. 광주는 이제 달라지고 있다. 그리고 그 변화는 이미 시작됐다.

시국을 전하던 대자보에서
도시를 살리는 대자보로

1980년대에는 전두환, 노태우를 체포하고 감옥 보내자는 민주화운동 대자보가 광주의 대학가와 시내 곳곳을 장식했다. 학생들은 그 대자보를 읽고 광장으로 모였고, 목숨을 건 민주화의 함성을 외쳤다. 시민들은 그 대자보에 뜨겁게 공감하며 응원을 보냈다. 광주 시민이라면 누구나 한마음으로 대자보를 읽고 결의를 다졌다.

광주에서는 지금, 같은 이름이지만 전혀 다른 의미의 '대자보 도시'가 새로운 화두로 떠오르고 있다. 지금의 대자보는 '대중교통·자전거·보행 중심 도시'를 의미하며, 기후위기에 대응하기 위한 현실적인 처방이자 지속 가능한 도시로 나아가겠다는 선언이다. 광주의 미래 방향을 분명히 드러낸 상징이기도 하다. 더 나은 내일을 향한 약속이라는 점에서 어딘가 옛 대자보와 닮아 있다.

광주는 2000년대 들어 폭염과 열대야 증가율이 전국에서 가장 빠르게 치솟았고, 가뭄과 홍수 같은 기후재난의 빈도와 강도도 해마다 커지고 있다. 그 원인 중 가장 큰 비중을 차지하는 것이 바로 '자동차'다. 지난 10년간 광주의 온실가스 배출량 가운데 약 70%를 수송과 건물 부문이 차지하고 있다. 현재의 자동차 중심의 도시 체계를 바꾸지 않고는 온실가스를 감축할 실질적 수단도, 기후회복력을 높일 방법도 없다는 뜻이었다.

과거의 도시는 주거지역과 상업지역, 산업지역이 구분되어 있었다. 그래서 되도록 넓은 길을 닦아 승용차가 더 빨리, 더 많이 지나게 하는 게 교통정책의 근간이 되었다. 자동차를 위해 보도를 줄이는 것이 당연한 일상이었다. 기후 대응 정책 역시 한쪽에서는 불에 기름을 부으면서, 다른 한쪽에는 덥다고 선풍기를 틀어주는 식의 모순된 대책이 반복되곤 했다.

새로운 '대자보 도시'는 단순히 교통체계를 대중교통·

'도시재생 프로젝트의 교과서'로 불리는
스웨덴 말뫼에서 '대자보 도시' 구상.
세계 최초 자전거아파트이자 호텔인 '쉬켈후세트'를 보고
자전거로 도시를 달리다.

자전거·보행으로 전환시키자는 제안이 아니다. 도시가 직면하고 있는 기후재난과 사회경제적 문제에 함께 대응하고, 시민의 건강권과 안전을 지키기 위한 근본적인 도시 재구성 사업이다. 차를 없애자는 것이 아니라 차가 없어도 불편하지 않은 도시를 만들자는 것이고, 궁극적으로 이러한 문화적 변화 자체가 온실가스 감축에 가장 실효적인 대응이 되도록 하자는 프로젝트였다.

수십 년간 몸에 배인 문화를 하루아침에 바꾸라고 요구

할 수는 없다. 대자보 도시의 핵심은 결국 '사람의 문화를 바꾸는 일'이고, 그래서 점을 찍는 일이 중요하다. 하나의 점이 선을 만들고, 그 선이 모여 문화가 되며, 시민들의 당당한 요구로 나타날 때만이 대자보 도시가 지속될 수 있기 때문이다.

첫 번째 점은 일명 '파크렛'이었다. 파크렛은 도심 속 주차 공간을 걷어내어 사람을 위한 공간으로 바꾸는 실험을 말한다. 주로 도로변 주차 공간 한두 면이나 소형 주차장 등을 벤치 등을 이용해 공원이나 녹지, 쉼터로 바꾸는 방식이다.

우리는 먼저 1993년부터 노상 공용주차장이었던 광주공원 앞 48면 주차장을 대상지로 선정하고, 주변 상인과 남구청, 경찰청과 의견 조율에 들어갔다. 대상지를 광주공원 앞으로 선택한 이유는 해당 주차장에 장기 점유하는 차량이 많아 회전율이 낮았고, 인근에 대체 주차시설들도 충분했으며, 무엇보다 인근에 희경루와 GMAP, 문화재단 등 문화시설이 모여 있어 새로운 문화광장의 기능을 할 수 있을 것으로 보였기 때문이다.

주차장 철거가 본격화되자, 광주공원과 인근 공공건물에 넓은 주차장이 있음에도 48면 주차 공간이 없어진 것에

7시간 동안 도시철도 2호선 1단계 17㎞를 걸으며
도시철도와 연계한 대자보 도시 구상

대각선 횡단보도를 늘려가는 광주시

대해 우려를 제기하며 일부 언론들이 반대 여론을 만들기도 했지만, 대자보실천단 시민들과 함께 밀어붙였다. 결국 그 자리는 '광주공원 청춘문화누리터 광장'으로 다시 태어났고, 지금은 버스킹과 청년문화가 살아 숨쉬는 명소로 자리 잡고 있다.

두 번째 점은, '대각선 횡단보도', 일명 X자 횡단보도였다. 도로는 차와 사람이 다니는 곳임에도 불구하고 모든 신호체계는 차량에 맞춰져 있다. 보행자는 도로에서 항상 약자였고, 후순위였다. 보행자 교통사고도 줄이고 사람 중심의 걷기 좋은 보행환경 조성을 위해 대각선 횡단보도를 확대 설치하기로 했다.

2023년 19곳을 X자 횡단보도로 전환한 데 이어, 2024년부터는 매년 25개 이상을 X자 횡단보도로 바꾸는 사업을 추진했다. 교차로 횡단횟수를 1회로 단축하고, 차량 진입을 차단해 보행안전을 확보하는 목적이었고, 설치 후 우회전 차량에 의한 보행자 교통사고가 일반도로에 비해 25% 줄어들었다. 어린이보호구역에선 교통사고가 절반 가까이 줄어들었다.

이렇게 광주의 첫 두 개의 점이 찍혔다.

어린이 무상교통 시대를 연
'G-패스'

대자보 도시를 현실화하기 위해서는 과감한 투자도 필요했
다. 매년 시내버스 운영을 위해 시비 1,300억 원을 투입하고
있지만, 해마다 대중교통 이용자는 감소해왔고, 자동차 등록
대수는 증가해왔다. 대중교통을 활성화하기 위해서는 먼저
시민들의 이동 습관을 바꿔야 했고, 그 출발점이 바로 대중
교통 이용률을 끌어올리는 일이었다.

　정시성 확보와 버스 노선 개편은 도시철도 2호선 개통
과 맞물려 추진되어야 했기에, 먼저 시민들의 이동권을 직
접 지원하는 방식으로 대중교통 이용을 활성화시켜야 했다.

그래서 시정의 핵심 과제로 '광주 G-패스(광주형 대중교통비 지원)'를 정했다.

G-패스는 '광주형 대중교통비 지원제도'라는 직설적인 표현보다 훨씬 큰 의미를 지니고 있었다. 도시가 시민의 이동권을 어떻게 책임질 것인지, 대중교통 중심 체계를 어떻게 정착시킬 것인지, 더 나아가 기후위기에 대응하는 생활 전환을 어떤 방식으로 구현할 것인지에 대한 답을 담고 있었다.

2025년 1월 1일부터 시행된 이 제도는 어린이는 100% 무료, 청소년은 50% 할인, 성인은 월 15회 이상 이용 시 이용액의 일부를 환급받는 구조다. 대중교통을 자주 탈수록 혜택이 커지는 방식이다. 이 제도를 통해 교통비 부담은 줄이고, 이동의 평등과 저탄소 수송체계를 함께 구축하려 했다. 또한 5·18 전야제와 당일에는 대중교통 무료 제도를 시행해 버스를 타는 경험을 확대하기도 했다.

효과도 조금씩 나타났다. 실제로 2025년 8월까지 대중교통 이용 건수는 전년 동기 대비 1.8% 증가했고, 이용자는 2.4% 증가했다는 보도가 있다. 이 수치는 도시가 바뀌고 있다는 작은 증거라는 생각이 들었다. 시민들의 반응도 뜨거웠다. 한 청소년 이용자는 기사 인터뷰에서 "지하철·버스를 적극 이용하게 됐다. 교통비 부담이 크게 줄었다"고 말했다.

G-패스 시행을 기념해 새벽 버스로 출근 중

G-패스 시행을 기념해 지하철로 이동 중

어린이 가정에서는 "등하교와 학원 이동이 훨씬 자유로워졌다"는 반응이 나왔다. 이러한 반응은 단순한 이동의 변화가 아니라 삶의 지형이 바뀌고 있다는 신호였다.

G-패스는 무엇보다 이동의 불평등을 줄이는 제도다. 이동을 위한 비용 때문에 선택을 제약받지 않도록, 소득·나이·지역 조건에 따른 이동 불평등을 줄이는 장치였다. 교통은 생계와 교육, 문화와 돌봄 접근성을 결정하는 도시의 기반이기 때문이다. 광주는 G-패스를 통해 도시 안에서 누구도 이동의 기회를 잃지 않도록 하는 모형을 만들고 있었다.

물론 행정이 그 과정을 줄이기 위한 다양한 노력에 앞장설 것이다. 대자보 도시답게 걷고, 자전거를 타고, 대중교통 이용이 자연스러운 도시가 되도록 도시의 인프라를 바꿔나가기 시작했다. 환승체계를 더 편리하게 개선하고 도시철도 2호선 개통과 DRT와 연계한 대중교통 통합 시스템을 구축해야 하는 과제도 남아 있다.

또한 광주 곳곳을 걷기 좋은 도시로 만들어가고 있다. 조선대학교에서 동구청 앞까지의 도로, 병무청에서 ACC까지의 도로, 구도청에서 천변에 이르는 길, 광주공항 주변 둘레길 등 곳곳에 걷기 좋은 길을 만들고 있다.

많은 자치구에서도 대자보프로젝트에 호응하며 차 없는

거리 사업들을 추진하고 있다. 남구의 군분로, 서구의 풍암 마을, 동구 충장축제 등에서 도로를 시민에게 내어주니 더불어 상권도 활기를 되찾는 것을 데이터로 확인했다.

'대자보 도시'라는 이름에는 한 가지 확신이 담겨 있다. 도시의 변화는 결국 시민의 삶을 바꾸고, 그 변화는 다시 공동체의 미래를 지탱한다는 믿음이다.

시국 대자보의 정신이 광주를 이끌던 시절처럼, 지금의 광주도 또 다른 방식으로 시대를 향해 대자보를 써 내려가고 있다. 기후위기를 늦추는 도시, 이동의 평등이 보장된 도시, 누구나 더 많이 걷고 더 쉽게 대중교통을 이용하는 도시. 그 변화는 이미 시작되었다. 늘 그랬던 것처럼 그 변화의 중심에는 광주 시민이 있을 것이다.

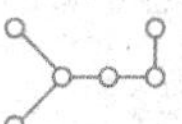

04

대한민국 복지의
새 판을 짜다

민주주의의 핵심 가치는
시민의 자유를 지키는 것이다.
어제, 시민의 자유가 투쟁을 통해 지켜졌다면
오늘, 시민의 자유는 서로 돌봄을 통해 지켜진다.
돌봄은 민주주의의 다른 이름이다.
그래서 시작했다.

국회의원 시절 기초노령연금법과
장기요양보험법을 만들었고,
청와대에서는 문재인 대통령과
치매국가책임제를 시작했다.
시장이 되어서는 나이가 많든 적든
돈이 많든 적든 누구나 돌봄을 받을 수 있도록
보편복지인 ‘광주다움 통합돌봄’을 마련했다.
가족의 책임에서 사회적 책임으로
선별복지에서 보편복지로 돌봄의 패러다임을 바꿨다.
이제 통합돌봄은 내년부터 전국에서 실시된다.
세계 1등 혁신정책상도 받았다.
1980년 5월, 주먹밥과 피를 나누며
서로를 돌본 광주의 역사가
오늘, 통합돌봄으로 이어지고 있다.

강기정의 돌봄정책은
어머니로부터

어느 날 누군가 나에게 "돌봄 정치의 전문가"라는 말을 건넸
다. 아마도 내 정치 이력에서 국민들이 피부로 느끼는 정책
이 돌봄 분야에 집중되어 있기 때문일 것이다.

복지를 내 평생의 과업으로 자리 잡게 한 분은 어머니다.
어머니를 오랫동안 모시고 살았는데, 어느 날 아픈 어머니
를 모시고 병원에 갔다가 부모님 병원비 때문에 시름이 깊
은 자녀들의 모습을 봤다. 부모님이 편찮으신 것도 걱정인
데 그 비용 부담까지 떠안은 그들의 힘든 표정이 잊히질 않
았다. 자식만 힘들겠는가. 나이 들어서 자식에게 큰 부담이

된다면 경제력과 건강을 모두 상실한 노년의 부모는 더 큰 고통에 빠질 수밖에 없다.

2007년 봄, 초선 의원 시절 나는 열린우리당 복지특별위원회 위원장과 보건복지위원회 간사를 맡았다. 그때 만든 법이 65세 이상 어르신에게 기초연금을 지급하는 기초노령연금법이다.

내가 대표 발의한 기초노령연금법은 '우리 사회가 고령자의 노후를 더 이상 가족이나 개인에게만 맡겨서는 안 된다'는 문제의식에서 출발했다. 노인 빈곤이 심화되고 1인 노인가구가 급증하는 등 고령사회의 위기가 가시화되는 현실에서, 국가가 노인의 최소한의 생활을 책임지는 사회계약이 절실하다고 생각했다.

입법 과정은 순탄치 않았다. 상임위에서 여야의 견해차가 컸고, 당시 야당이던 한나라당 의원들이 전원 퇴장하는 극한 상황도 벌어졌다. 하지만 설득 끝에 마침내 법안이 통과됐다. '노인을 위한 나라는 있다'라는 메시지가 대한민국의 법 제도에 안착하는 순간이었다.

기초노령연금법의 취지는 65세 이상 노인들에게 당시 지급되던 3만 5,000원~6만 원 정도의 경로수당은 폐지하고, 월 8만 3,000원~9만 원 정도의 연금을 지급하자는 것이

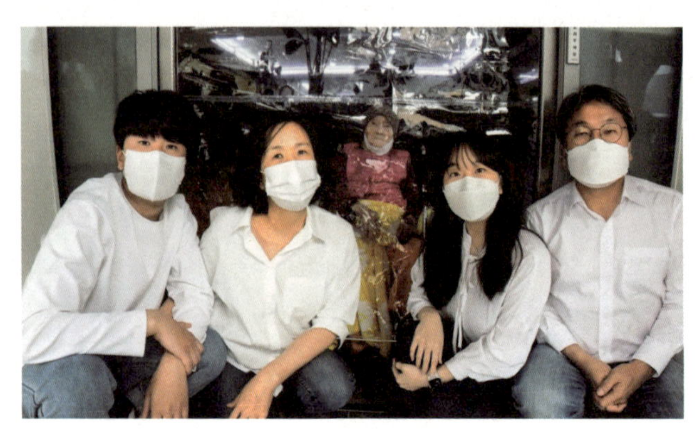

내 돌봄정책의 시작은 어머니였다.

었다. 이는 가족의 부담을 사회가 함께 나누자는 최초의 정책적 전환이었다. 가족의 책임에서 사회의 책임으로 돌봄의 패러다임을 바꿔낸 최초의 돌봄정책이었고, 과거 대한민국의 산업화와 민주화를 이끌어온 노인 세대를 위한 법이었다.

2008년부터 시행된 이 법은 개정을 거듭해서 지금은 노인들의 당연한 권리가 됐다. 누가 만든 법인지는 몰라도 그 법을 통해 혜택을 누리는 국민이 많다는 사실은 다행스러운 일이다. 그렇다. 연금은 시혜가 아니라 권리다. 일평생 대한민국을 지탱해온 국민들의 노년을 최소한의 수준에서라도 국가가 책임지는 것은 당연한 일이다. 이런 생각의 연장선상에서 만든 또 하나의 법이 노인장기요양보험법이다.

아픈 노인의 간병을 가족이나 개인의 책임으로만 떠넘겨서는 안 된다는 생각으로 만든 노인장기요양보험법은 노인 돌봄을 사회보험의 영역으로 끌어올린 복지정책의 시초로 평가받는다.

연금과 요양이라는 투트랙 복지법을 통과시키면서 '복지개혁'을 이뤘다는 평가가 이어졌다. 나는 존엄한 노년의 삶을 지탱하는 두 기둥은 소득(연금)과 돌봄(요양)이며, 이를 공적 영역으로 끌어올려야 한다는 생각이 강했다. 가깝게는 나이가 들면서 급격히 쇠약해지시는 내 어머니를 봐도, 어머니의 친구분들을 봐도 국가가 해야 할 최소한의 몫이 분명히 보였기 때문이다.

또 하나의 과제로 다가온 것은 치매였다. 고령화 시대, 치매는 피할 수 없는 사회적 질병이 되어가고 있는데, 그 무게를 가정과 개인에게만 떠넘겨서는 안 된다고 판단했다. 국가가 방관하면 가정이 망가지고, 결국 사회가 흔들린다고 생각했다.

그래서 치매국가책임제를 만들었다. 2017년 전국에 치매안심센터 256곳이 설치되었고, 전국 보건소와 연계 체계도 구축됐다. 본인 부담은 경감되고 사례관리는 촘촘해졌다.

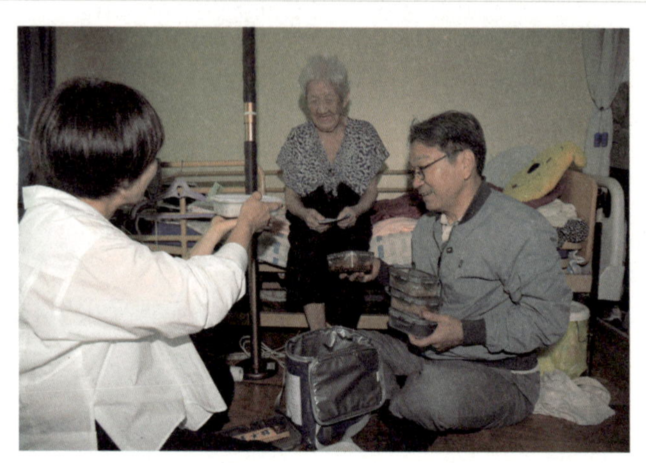

통합돌봄 지원 어르신께 특별도시락을 배달하다.

치매환자 쉼터와 가족 카페 등 원스톱 지원 정책도 동시에 서비스됐다. 중증 치매의 건강보험 보장성을 강화하고, 장기요양 비용 부담을 덜어줌으로써 많은 노령 세대와 그 가족들이 위기를 넘길 수 있었다.

사회가 달라지면
복지도 달라져야

정무수석 시절, '포스트 코로나'의 과제는 전 국민 건강보험처럼 전 국민 고용보험 체계를 갖추는 일이라고 생각했다. 고용보험 제도는 근로자가 실직한 경우 안정적인 생활을 유지하도록 일정 기간 실업급여를 제공하는 제도다. 당시 코로나 사태를 맞아 고용보험이 적용되지 않는 취약계층, 비정규직, 자영업자 등 고용보험 미가입자 1,000만 명에게도 고용보험 제도를 적용하는 것이 필요하다는 요구가 노동계를 중심으로 강하게 제기되었다.

고용보험은 1995년에 도입된 뒤, 1998년 외환위기와

2009년 금융위기 극복 과정에서 핵심적인 사회안전망 기능을 수행해온 제도다. 2017년 이후에는 실업급여 지급 수준이 높아지는 등 보장성이 강화되었다.

코로나 상황에서는 고용 유지 지원금 2조 1,000억 원을 지급하여 근로자 76만 명의 고용 안정을 보장했다. 실업자 160만 명에게는 구직급여 10조 9,000억 원을 지급하여 생계유지를 지원했다. 문제는 고용보험이 임금근로자만을 위한 고용 안전망에 머물러 있다는 점이었다. 다양한 형태로 일하는 사람들을 모두 보호하는 데는 한계가 있었다.

4차 산업혁명으로 새로운 고용 형태가 빠르게 확산되면서, 근로자와 자영업자로 나누는 이분법적 접근만으로는 고용보험의 취지를 달성하기 어려워졌다. OECD 국가들과 EU도 모든 형태의 취업자를 사회안전망으로 보호하기 위해 고용보험 확대 등 다양한 대안을 모색하고 있다.

기술의 발달로 제조업 자동화가 가속화되고, 산업구조가 서비스와 IT 중심으로 재편되면서 노동력 이동이 빨라지는 현실도 고려해야 한다. 지금도 많은 취업자가 2개 이상의 일자리에서 소득을 얻고 있으며, 근로자·자영업자·특수형태근로종사자 사이를 오가는 빈번한 일자리 이동을 경험하고 있다. 이러한 추세는 앞으로 더욱 가속화될 것 아닌가.

청년이 머무는 광주를 위한 대화의 자리

이런 현실 속에서 고정된 사업장이 아니라 '일하는 사람' 중심으로 설계된 사회보험체계가 절실하다는 판단을 내렸다. 무엇보다 코로나와 같은 갑작스러운 재난이 다시 일자리 위기로 이어질 수 있다는 위기감이 컸다. 위기는 언제나 취약계층에 더 큰 피해를 집중시키기 마련이다.

그래서 일하는 모든 국민을 실업급여로 보호할 수 있는 전 국민 고용보험이 절대적으로 필요하다는 판단이 들었다. 일정 소득 이상의 모든 취업자에 대해 소득정보를 기반으로 사각지대 없이 포괄하되, 보호의 시급성과 현실적인 관리 역량을 함께 고려하여 단계적으로 적용을 확대해 나가는 것이 골자였다.

이를 위해 예술인 고용보험을 비롯해서 특수형태근로종사자 고용보험 적용을 위한 고용보험법·보험료 징수법을 제도화하는 데 힘을 보탰다. 다양한 특수형태 노동자들이 지원받을 수 있는 체계도 마련했다.

저소득층에 대해서는 현행 두루누리 사업을 활용하여 보험료 일부를 지원하는 방식을 도입했다. 열심히 일한 이들의 위기를 국가가 보호하고, 무사히 삶으로 안착할 수 있도록 돕는 역할을 하는 것, 그것이 복지다.

기초노령연금법이 노후소득을 국가가 책임지기 시작한 첫걸음이었다면, 장기요양보험법과 치매국가책임제는 돌봄을 제도 안으로 들여온 전환점이라 할 수 있다. 그리고 전 국민 고용보험 제도는 돌봄을 사회보험의 차원에서 확장한 사례라 할 수 있다. 아직 보완할 부분이 많지만 사회 변화에 맞춰 돌봄도 달라져야 한다. 그 탄력성이 돌봄의 공백을 메우는 길이기 때문이다.

돌봄의 패러다임을 바꾼
'광주다움 통합돌봄'

민선 8기 광주시장으로 취임하면서 첫 일성으로 "돌봄은 복지정책이 아니라 민주주의 정책"이라는 이야기를 했다. 적어도 광주에서만큼은 누구도 사회적 고립 속에서 위기를 맞아서는 안 된다는 마음 때문이었다. 그 생각이 바로 '광주다움 통합돌봄'의 출발점이 되었다.

"나는 누군가의 돌봄 대상이 아니라 돌봄 공동체의 한 구성원이다."

돌봄 정치를 하는 내내 무엇보다 돌봄을 바라보는 인식의 전환이 필요하다고 생각했다. 돌봄이 필요한 순간이 오면 누구나 발언권을 잃기 쉽고, 자존감이 흔들린다. 일상의 사소한 일조차 스스로 해낼 수 없으니 마치 존재의 가치가 사라진 듯한 자괴감을 갖게 된다.

그래서 돌봄을 '시민의 당연한 권리'로 향유하기 위해서는, 돌봄을 받는 사람과 돌보는 사람 사이의 관계부터 새롭게 그려야 한다고 생각했다.

'오늘 내가 누군가를 돌본다면 내일의 나는 누군가의 돌봄에 기댈 수 있게 될 것이다'라는 마음으로 전환하는 것, 그 상호성의 인식이 선순환을 만든다. 이러한 인식의 변화를 '광주다움 통합돌봄'의 기본 철학으로 삼았다.

이 철학 위에서 광주다움 통합돌봄의 핵심 설계가 탄생했다. 누구나, 복잡한 절차 없이, 위기에 놓인 순간 공무원이 먼저 찾아가고 필요한 서비스를 끊김 없이 연결받을 수 있는 구조. 돌봄을 요청하기 전에, 공동체가 먼저 문을 두드리는 체계를 만들고자 했다.

실제로 돌봄이 절실하게 필요한데도 기존 제도의 사각지대에 놓인 시민이 너무나 많다. 나이가 기준에 미치지 못하거나, 소득이 걸림돌이 되기도 한다. 지원 기준에 부합하는지 증명하기 위한 서류조차 준비하지 못해 자격이 있음에도 신청조차 못 하고 방치되는 경우도 허다하다. 그래서 광주다움 통합돌봄은 대상을 선별하지 않는다. '돌봄이 필요한 시민이라면 누구나'—이것을 광주다움 통합돌봄의 가장 중요한 대원칙으로 삼았다.

또한 위기의 순간이 닥치면 신청 자체가 어려운 경우도 많다. 그래서 광주다움 통합돌봄은 '신청'이 장벽이 되지 않도록 복잡한 절차 없이 전화 한 통이면 충분하고, 무엇보다 본인이 직접 신청하지 않아도 된다. 이웃이나 가족, 지인, 기관 등 누구라도 어려움에 처한 상황을 알려주기만 하면 공무원이 직접 가정을 찾아가 상황을 확인한다. 그리고 그 상황에 맞는 일상, 의료 등의 다양한 서비스를 즉시 연계한다. '스스로 신청하지 않아도 공동체가 찾아내는'—이것이 광주다움 통합돌봄의 두 번째 원칙이다.

96개 동 행정복지센터 300여 명의 공무원들이 직접 움직이기 시작하자 복지의 작동 방식이 근본적으로 바뀌기 시작했다. 기존처럼 신청한 시민에게 신청한 서비스만 제공하던 제한적 지원에서 벗어나, 공무원이 직접 현장에서 파악한 상황에 따라 돌봄부터 소득, 주거 문제까지 시민의 삶 전반을 통합해 연계하는 구조로 전환된 것이다.

대한민국 돌봄의 새 역사를 쓴
'광주다움 통합돌봄'의 첫 시작(2023.3.28.)

기존 제도들을 우선 연계하지만, 당장 이용할 수 있는 서비스가 없는 경우가 너무나 많아 부족한 서비스는 직접 만들어 채워 나갔다. 광주의 7대 13종 통합돌봄 서비스는 일상생활 지원, 식사 지원, 병원 동행, 방문 목욕, AI 안부 전화, ICT 활용 안전 체크 등의 생활 돌봄과 대청소, 방역방충, 안전 생활환경 조성, 케어안심주택 같은 주거 돌봄, 그리고 방문간호, 방문 구강교육, 방문 맞춤운동과 같은 의료 돌봄까지 촘촘하게 갖추고 있다.

돌봄이 절실한데도 아무런 사회적 연결이나 도움을 받지 못하면 사람은 고립되거나 삶을 포기하게 된다. 이는 개인의 불행이면서 동시에 사회 전체의 상처가 되기도 한다.

저장 강박으로 집을 치우지 못하는 이웃이 있을 때, 그 곁집도 고통받는다. 고독사 현장을 마주한 이들이 겪는 트라우마 역시 공동체의 상처다. 돌봄을 감당할 여력이 없어 가족을 지켜주지 못하는 이들도 또 다른 내상을 입는다. 이웃과 가족의 불행을 외면하는 사회는 결국 어느 지점에서 곪아 터지고, 그 상처는 공동체 전체를 병들게 한다.

그래서 광주다움 통합돌봄은 이웃을 돌보고 고립을 막는 일을 개인의 부담에서 사회적 책임의 영역으로 옮겨왔다. 개인이 넘어설 수 없는 거리와 감정의 장벽을 행정은 넘어설 수 있다. 오래된 가족의 갈등이나 원망도 행정에게는 문제가 되지 않는다. 행정은 오직 지금, 도움을 필요로 하는 시민을 있는 그대로 마주하면 되기 때문이다.

그렇게 법과 제도를 통해 위기의 순간에 손을 내밀고, 다시 사회적 관계 속으로 회복되도록 돕는 일. 이것은 복지를 넘어선 사회적 회복이며, 우리 시대가 요구하는 새로운 형태의 민주주의다.

그러니 죽음 앞에서도 이웃을 지키고, 공동체를 위해 헌신했던 우리 광주가 민주주의를 돌봄 영역으로까지 확장시키는 것은 너무나 자연스러운 일인지 모른다. 광주다움 통합돌봄은 말하자면 역사를 넘어 일상으로 민주주의를 확산시키는 일이자 일상의 민주주의를 실천하는 일이다.

좋은 정책은
널리 널리

광주의 '누구나, 찾아가는, 원스톱 서비스 연결'이라는 혁신적 돌봄 체계는 국내외에서 주목받기 시작했다. 2023년, 광주다움 통합돌봄은 세계지방정부연합(UCLG) 국제도시혁신상 최고상을 수상했다. UCLG는 전 세계 24만여 도시가 가입한 최고 권위의 국제기구로, 서구권에서는 이 상을 '도시정책 분야의 오스카상'이라 부르기도 한다. 혁신성, 효과성, 확산 가능성을 핵심 평가항목으로 삼는 이 상은 전 세계 54개국, 193개 도시에서 출품된 330개 정책 중 단 5개만이 최고상을 받는 치열한 경쟁으로 유명하다.

광저우상 조직위원회는 수상 이유를 이렇게 밝혔다.

"광주는 돌봄을 복지정책이 아니라 민주주의 실천의 장으로 전환했다. 행정, 의료와 요양기관, 시민사회가 한 계획으로 움직이는 거버넌스 혁신이 가장 인상적이었다."

광주다움 통합돌봄의 정신과 특징을 정확히 이해하고 있어 놀라웠다. 수상 자체도 의미가 컸지만, '세계시장포럼'을 겸한 이 행사가 국제도시 간의 상생과 포용을 이끄는 플랫폼이라는 점에서도 큰 의미가 있었다. 전 세계 도시들이 혁신정책을 공유하고 벤치마킹하는 이 자리에서 나는 기조연설을 통해 광주의 5·18 역사와 돌봄 민주주의에 대해 이야기했다.

5·18 민주화운동에 뿌리를 둔 광주가 돌봄 민주주의로 포용성을 넓히고, 광주다움 통합돌봄이 도시의 삶을 안전하게 만들며 이웃이 이웃을 살피는 공동체의 초석이 되고 있음을 강조했다. 또한, 전 세계 도시가 직면한 고령화, 1인 가구 증가, 경제적 양극화 문제의 해법은 돌봄에 있으며, 이는 개인이나 가족의 책임이 아닌 사회적 책임이라는 점을 전했다.

통합돌봄, 광저우에서 세계지방정부연합의
국제도시혁신상을 수상하다.(2023.12.7.)

정말 뿌듯했던 것은 '광주정신'을 이야기할 때였다. 도시 이름이 붙은 철학과 정신을 가진 유일한 도시가 광주다. 1980년, 죽음의 공포 앞에서도 서로를 지켜낸 연대의 정신, 그것이 곧 광주정신이다. 그리고 그 시대정신이 오늘의 이름으로 확장된 것이 바로 광주다움 통합돌봄이다. 그 역사적 배경과 의미, 그리고 오늘까지의 성장 과정을 세계 도시들과 공유할 수 있었다는 사실만으로도 가슴 벅찬 순간이었다.

광주다움 통합돌봄은 국제적 인정을 넘어, 2024년 '정부혁신' 왕중왕전 대통령상, 2025년 '한국정책대상' 대상

등 국내외 주요 상을 연이어 수상하며 그 가치를 입증하고 있다.

새 정부 출범 이후, 코로나의 영웅 정은경 보건복지부 장관이 광주를 직접 방문하여 통합돌봄 추진 현황을 살폈다. 광주시청과 북구 영구임대 돌봄 특화마을(오치주공1단지), 북구 보건소를 찾아 통합돌봄 추진 현황을 보고받고, 담당 공무원들의 생생한 현장 목소리를 경청했다.

대한민국 보건복지부의 새로운 수장이 된 정은경 장관은 광주다움 통합돌봄을 대한민국 전체 돌봄 체계로 확대하겠다는 계획을 밝혔다. 정 장관은 "초고령화 사회에서 돌봄이 필요한 국민이 살던 곳에서 건강하게 생활하려면, 지역사회 내에서 의료와 요양이 아우러진 통합돌봄이 필수적"이라고 강조했다. 또한, 돌봄은 국가와 지자체가 함께 책임져야 할 과제이며, 국민이 체감할 수 있는 통합돌봄 체계를 만들어야 한다는 각오를 밝혔다. 광주와 같은 마음이라는 생각이 들었다.

지방자치단체 인력 수요를 관리하는 행정안전부 윤호중 장관도 광주를 찾았다. 윤 장관은 "광주를 통해 통합돌봄이 단순 서비스가 아니라 복지행정의 근본을 '신청 중심'에서 '공무원이 직접 찾아가는 체계'로 바꾼 전달체계의 혁신임을

2024 대한민국 정부박람회에서도
'정부혁신' 왕중왕전 대통령상을 수상한
광주다움 통합돌봄(2024.11.14.)

알게 되었다"며 이를 전국적으로 확산하기 위해 전담 인력
보강 등 필요한 지원을 아끼지 않겠다고 밝혔다.

광주정신을 담은 돌봄정책이 전국으로 확산되는 일은
여러 의미를 지닌다. 지역에서 실험한 정책과 축적된 경험
이 전국 돌봄정책의 새로운 기준이 되고, 중앙과 지방, 지방
과 지방이 통합돌봄 시스템으로 유기적으로 연결되면서 상
호 보완과 시너지를 창출할 수 있기 때문이다.

특히 전담조직 운영을 위한 예산과 재원 문제 해결에도
청신호가 켜질 전망이다. 정책이 전국적으로 확대되면 국가

정은경 보건복지부 장관이 통합돌봄을 보러 시청을 찾다.
(2025.8.6.)

재정과 지방재정이 유기적으로 상호 보완하며, 부족했던 돌봄 서비스를 보충하고 업그레이드하는 데 큰 도움이 될 것이다.

돌봄정책의 핵심은 '연계'에 있다. 정부 부처와 지자체 간 데이터 공유와 운영체계 연결은 통합돌봄 시스템의 혈관과 같다. 다만, 지자체별 여건은 다르기에 국가 표준이 되더라도 지역 맞춤형 설계가 필요하다.

이 점에서 광주의 경험은 매우 소중하다. 지자체가 먼

저 지역 계획을 수립하고, 통합지원 대상자를 발굴·관리하며, 개인별 돌봄지원 계획을 설계하고, 이를 협업으로 실행하는 통합지원회의·협의체를 운용하는 방식으로 실험을 마쳤기 때문이다.

2026년, 광주다움 통합돌봄은 '돌봄통합지원법'으로 전국에 확산된다. '살던 곳에서, 익숙한 공간에서, 사람답게 살아가는 돌봄'을 광주가 대한민국 전역으로 발신했다는 사실이 자랑스럽다. 광주가 먼저 보여준 돌봄 민주주의의 가치가 우리 국민들의 위기를 구하고, 새로운 삶으로 건너가는 든든한 버팀목이 되기를 바란다.

위대한 시민이 만든
위대한 제도

앞서 언급했듯, 사회적 관계를 회복하고 이웃을 다시 연결하는 연대에 기초한 돌봄은 민주주의의 다른 이름이다. 광주가 지닌 연대의 정신은 바로 '5·18 정신'에 뿌리를 두고 있다.

나는 '5·18 정신'을 항쟁의 한복판에서 평범한 시민들이 보여준 나눔과 돌봄 속에서 찾고 싶다. 시민들은 서로를 돌보았다. 작은 음식과 치료약을 나누고, 피를 나누며 서로를 살리는 데 집중했다. 직업의 귀천도, 나이도, 출신지도 중요하지 않았다. 그래서 모두 자유로울 수 있었다.

총을 든 사람만 자유롭거나, 돈 있는 사람만 자유롭거나,

똑똑한 사람만 자유롭거나, 건강한 사람만 자유로운 것이 아니었다. 모든 사람은 각자 가진 것으로 서로를 돕고 돌보았기에, 서로 다른 채로 평등할 수 있었고 자유로울 수 있었다. 그것이 1980년 광주공동체가 남긴 가장 위대한 유산이다.

5·18은 인간이 죽음과 고립의 공포를 극복하고 존엄을 증명한 사건이었다. 계엄군의 압도적 무력에 맞설 수 있었던 힘은 다름 아닌 평범한 시민들의 서로를 격려하고 나누는 마음에서 나왔다. 처음에는 계엄군의 대검과 곤봉을 두려워했던 광주 시민들이 어느 순간 하나로 뭉쳤고, 수많은 사람들이 일상을 뒤로한 채 몰려와 함께했다. 그 결과, 거대한 공동체가 형성되는 꿈 같은 일이 벌어졌다.

당시 광주의 시민들은 국가로부터 고립된 채 법의 보호 밖에 놓였지만, 광주에서는 단 한 건의 약탈이나 절도도 일어나지 않았다. 주인 없는 가게에 돈을 놓고 물건을 가져갔다. 세계사에서도 유례를 찾아보기 어려운 평화로운 저항이었고, 외롭지 않은 고립이었다.

어쩌면 우리는 여기에서 인류의 오랜 이상(Ideal)을 찾을 수 있지 않을까. 동아시아에서 '대동세상(the World of Great Harmony)'이라고도 불렀던 이상사회의 모습이 여기 있지 않을까. 더 중요한 것은 그 이상이, 짧은 기간이었지만 실현되었다는 것이다. 평등하고 자유로운 시민이 서로 나누고 돌보는 사회의 모습이 실제로 가능하다는 것을 광주 시민들은 몸소 보여줬다.

그런 정신이 광주다움 통합돌봄 정책의 근간이다. 또한 그 정신은 민주도시 광주가 나아갈 새 길이기도 하다. 인간의 존엄과 자유를 지키는 것이 민주주의의 본령이라고 한다면, 돌봄은 복지가 아니라 민주주의다. 단순히 어려운 사람을 돕는 시혜성 정책이 아니라 인간 존엄과 연대의식을 지켜내고 사회적 관계를 회복시키는 민주주의 그 자체일지도 모른다.

세상을 살아가다 보면 누구나 한번쯤은 혼자의 힘으로는 일상을 버텨내기 어려운 순간을 맞이한다. 1인 가구가 늘고 사회가 고령화될수록 이런 위기는 더 이상 누군가의 특별한 사정이 아니라 우리 모두가 겪을 수 있는 삶의 한 장면이 된다.

그럴 때 곁에 손을 내밀 가족도, 마음을 기댈 이웃도 없다면 사람은 절벽 끝에 홀로 서게 된다. 때로는 극단적인 선택으로 이어지거나, 세상과 단절된 채 쓸쓸한 죽음을 맞이하기도 한다. 신문에서 마주하는 가슴 저린 이야기들은 바로 이러한 고립의 그림자들이다.

만약 돌봄이 제도 속에 단단히 자리 잡아, 누구든 위기에 처했을 때 부담 없이 도움을 청할 수 있다면 우리의 삶은 분명 달라질 것이다. 서로의 삶을 지켜주는 촘촘한 사회안전망이 작동하는 공동체, 그것이 바로 민주주의가 살아 숨 쉬는 사회다.

더구나 이곳은 광주다. 민주주의의 역사를 품은 도시, '함께'의 가치를 삶으로 증명해온 곳. 광주정신의 뿌리에는 언제나 서로를 향한 연대가 깊게 흐르고 있다.

사실 아무리 훌륭한 과거가 있고, 그 어떤 정신적 유산을 물려받았다 해도, 매일 매일을 그날의 '위대한 시민'처럼 살아갈 수는 없다. 그러니 그 정신을 되살려 제도로 뒷받침하는 것이 정치와 행정이 해야 할 일이다. 시민의 존엄을 지키고 자유를 확장하는 제도를 설계하는 일, 그것이 정치와 행정이 존재하는 이유다.

왕정에서는 한 사람만 자유롭고 한 사람만 존엄하다. 귀족정에서는 소수의 사람만 자유롭고 존엄하다. 우리가 바라는 것은 모두가 자유롭고 존엄한 것이다. 그것이 바로 민주주의다. 5·18은 인간의 존엄과 자유를 위한 투쟁이었다. 이제는 그 정신을 정치와 행정이 제도로 구현해 이어가야 한다. 우리 시정의 방향 역시 시민을 더 자유롭게 하는 데 있다.

이탈리아 카 포스카리 베네치아 대학에서
5·18과 비엔날레에 대해 특별강연을 하다.(2024.4.19.)

광주다움 통합돌봄은 그런 의미에서 보편복지의 길을 연 제도다. 기존의 선별적 복지제도와 달리, 돌봄이 필요한 사람은 누구나 신청해서 돌봄 서비스를 받을 수 있도록 설계되었다. 이것은 광주시가 돌봄의 책임을 시민 개개인에게 전가하지 않겠다는 약속이다. 사각지대 없는 보편복지의 실현으로 시민들이 홀로 위기를 감당해야 하는 상황에서 자유로워질 수 있도록 하는 장치다.

1980년 5월, 광주 시민의 존엄과 자유는 억압에 맞선 투쟁을 통해서만이 아니라, '서로 돌봄'을 통해 지켜졌다. 이제 광주 시민의 존엄과 자유는 그 '서로 돌봄'의 정신에 기초해 만들어진 광주다움 통합돌봄을 통해 지켜질 것이다.

이렇듯 큰 의미를 지닌 광주다움 통합돌봄이 자리 잡을 수 있도록 돌봄정책을 촘촘히 설계하고 실행해온 시청 담당부서 공직자들에게 깊은 고마움을 전하고 싶다. 몰아치는 비바람에도, 혹한과 혹서기에도, 직접 골목길을 누비며 낯선 집의 문을 두드리고, 전화를 걸어 안부를 확인하고, 서비스를 연계하며 지속적으로 상태를 확인하느라 애쓴 일선 구청, 동 행정복지센터 공무원들과 서비스기관 종사자들, 말로는 다 못할 그분들의 수고와 따스한 맘을 늘 기억한다.

머리로는 쉬울지 몰라도 실제로 해내는 것은 전혀 다른 일이다. 산더미 같은 쓰레기들을 거둬내고, 더러운 오물을 치우고, 따스한 밥을 준비하고, 아픈 이들의 팔다리를 들어 운동을 돕고, 병원까지 동행하고 목욕 봉사를 해온 이들, 그들의 땀과 노고와 정성을 절대로 잊지 못할 것이다. 아무도 안 가본 길이고, 부족한 것투성이라 시작이 어려웠을 텐데도 그 시작을 훌륭하게 해냈다.

그 모든 이의 땀방울을 바탕으로 광주다움 통합돌봄이 제도로서 자리 잡고 더 크게 확장되기에 이르렀다. 그리고 광주 밖에 있는 분들에게 이런 인사를 건넬 수 있게 되었다.

“광주로 오세요. 광주 시민은 누구나, 돌봄이 필요할 때,
도움을 받을 수 있습니다. '돌봄도시'는 민주도시 광주
의 다른 이름이 될 것입니다.”

'아이키움 올인'
광주

흔히 복지에 대한 투자는 표로 연결이 안 된다는 게 일반적인 정치 계산법이다. 그래서 복지는 늘 후순위로 밀린다. 표가 될 일을 먼저 해야 정치인에게 유리하기 때문이다. 하지만 시장이 되고 가장 먼저, 과감하게 추진한 것이 돌봄정책과 아동 보육, 복지 분야 종사자들의 처우 개선이다.

미래 세대에 투자하지 않으면 도시의 미래도 없다는 생각이 늘 머릿속에 있었다. 그래서 나는 두 가지 질문을 해보곤 한다. "광주에서 아이를 키운다는 것은 무엇인가", "광주에서 복지현장을 지킨다는 것은 무엇인가." 아이와 돌봄, 복지와 노동은 서로 떨어져 있는 문제가 아니다.

아이를 키우는 부모의 삶이 버거우면 출산을 미루게 되고, 복지 서비스를 제공하는 노동이 지속 가능하지 않으면 가장 어려운 이웃 옆에 있어야 할 사람들이 떠나게 된다. 결국 시민의 행복과 미래는 거기에 달려 있다.

그래서 마련한 것이 출생과 보육 전반에 대한 복지정책이다. 이 정책의 큰 방향은 광주의 인구정책과 맞물려 있으며, 2025년에서 2029년까지 추진될 인구정책의 기본 방향을 '제2차 광주광역시 인구정책 종합계획'이라는 이름으로 체계화했다.

2025년부터 2029년까지 5년 동안 약 11조 7,056억 원을 투입해 '청년인구 순유출 제로(ZERO), 합계 출산율 1.0 회복'을 목표로 '아이키움 안심사회 조성, 지속 가능한 일자리로 인구 유입 경제 실현, 활력 있는 도시 공간 조성, 미래 인구구조 적응력 제고'라는 4대 정책 방향을 설정하고, 12대 추진 전략, 29개 핵심 과제, 139개 세부과제를 제시했다.

특히 광주에서 출생아 수가 많았던 90년대생(25~34세)이 본격적인 출산기에 들어서는 향후 5년을 출생률 반등의 골든타임으로 판단했다. 거기에 맞춰 결혼, 출산, 돌봄, 일·생활 균형 등 생애주기별 사업을 추진하는 것이다.

먼저 '아이키움 올인(ALL IN) 광주'의 4대 케어인 현금성, 돌봄, 의료, 일·생활 케어를 지속적으로 확대하고 중소기업 근로자와 소상공인에 대한 지원을 대폭 강화하는 정책을 펼 것이다.

가정 돌봄 강화를 위해 2025년 출생아부터 1인당 50만 원 상당의 '출생가정 축하 상생카드'를 지원했다. 2022년 전국 최초로 시행한 '초등생 학부모 10시 출근제' 대상자를 300명에서 500명으로 확대 추진했다. 전국 최초로 1인 여성 자영업자를 위해 임신·출산 대체인력비(월 100만 원 × 3개월) 지원사업을 추진했다.

광주에서 태어난 아이는 고등학교를 마칠 때까지, 그러니까 만 17세까지 누구나 1인당 7,400만 원 상당의 현금·서비스 지원을 받게 된다. 여기에 가계 소득과 상황에 따라 최대 3억 2,300만 원까지 추가 지원이 가능하다. 이른바 '아이키움 올인 광주'라는 광주형 패키지다. 이와 별도로 생애주기별 51개 과제에 2,514억 원을 투자하고 있다.

국가 차원의 현금 보육정책도 확대되고 있다. 2024년부터 만 2세 미만 영아를 위한 부모 급여가 크게 올랐다. 0세 부모 급여는 70만 원에서 100만 원으로, 1세는 35만 원에서 50만 원으로 크게 올랐다.

어린이집 필요경비 지원 '정책소풍'을 가다.

문제는 이 모든 제도 사이의 빈틈을 어떻게 메우느냐에 있다. 그 빈틈 가운데 하나가 바로 만 3세였다. 부모 입장에서 만 3세는 어린이집이나 유치원에 본격적으로 보내기 시작하지만, 여전히 손이 많이 가는 시기다.

그런데 국가 차원의 보육료 지원, 부모 부담 경감 정책 속에서 만 3세 아동은 여러모로 사각지대에 놓여 있었다. 예컨대 어린이집·유치원에 다니는 아이의 부모가 실제로 부담하는 필요경비, 즉 특별활동비·현장체험비·입학준비금 같은 비용 지원은 만 5세부터 시작해 단계적으로 내려오는 구조였다. 그 과정에서 만 3세는 늘 다음으로 미뤄졌다.

출생·보육 정책 업무보고를 받다 보면, 현장의 부모와 교사들에게서 "3세 아이가 제일 힘들다"라는 말을 가장 많이 들었다. 생애 초기, 특히 만 0~2세에 대한 현금 지원을 강화하는 것도 중요하지만, 만 3세의 돌봄 부담을 덜어주는 것 역시 아이와 부모 모두에게 도움이 된다고 생각했다.

그래서 국가 책임형 유아교육·보육 지원이 확대되면서 절약된 시·교육청 예산으로 만 3세 아이들을 향해 지원을 앞당기기로 했다. 그 결과 광주시는 시·교육청과 함께 만 3세 아동에게도 어린이집·유치원 부모 부담 필요경비를 지원하기로 했다. 기존에는 만 5세부터 지원하던 것을 2025년에는 만 4~5세로 넓혔고, 여기에 더해 만 3세 아동에게도 어린이집과 유치원 각각 매달 5만 원씩을 추가로 지원하는 것으로 결정했다.

특히 의미 있는 것은 이 지원을 2025년 7월부터 소급 적용하기로 한 점이다. 이미 그 비용을 감당해온 부모들에게도 "당신의 수고를 광주가 함께 나눈다"라는 메시지를 전하고 싶었다. 나는 이 조치를 단순한 보육지원금 확대라고 부르기보다는, 만 3세를 위한 작은 보육수당이라고 생각한다.

만 5세의 경우, 국비 지원액에 시와 교육청 예산을 더해

어린이집은 10만 원, 유치원 16만 원으로 전체 지원액이 늘어났다. 여기에 만 3세에게도 별도의 5만 원을 얹어주는 것은, 그동안 지원 대상에서 빠져 있던 연령대를 향해 광주가 먼저 손을 내민 것이라 할 수 있다. 재정 여건이 결코 넉넉하지는 않지만, 나는 이 선택이 출산율 감소와 어린이집 폐업 문제를 함께 완화하는 투자라고 믿는다.

감사하게도 광주 출생률 증가세가 뚜렷하다. 광주지역 2025년 8월 출생아 수는 572명으로 전년 대비 9.6% 증가했다. 전국 평균(3.8%)의 2.5배 수준이고, 제주에 이어 전국 2위다. 전국적으로 저출산 기조가 이어지는 가운데 광주의 상승세는 이례적이라는 평가가 반갑다. 아이 울음소리가 더 많이 들리는 광주를 만들고 싶다.

돌봄지킴이 복지종사자
처우 개선

돌봄을 직업으로 삼은 이들의 삶을 제대로 대우하기 위해 각별한 노력을 기울였다. 복지는 지난 수십 년 동안 우리 사회의 복지는 수많은 사회복지 종사자들의 헌신으로 지탱돼 왔다. 요양시설, 장애인시설, 지역아동센터, 노인복지관, 상담기관 등에서 일하는 이들은 늘 가장 어렵고 힘든 시민 곁을 지켜왔다. 그러나 정작 그들의 임금과 노동조건은 오랫동안 헌신이 아니고서는 버텨내기 어려운 수준에 머물러 있었다.

민선 8기 시장으로 취임하면서 나는 사회복지시설 종사

자 단일 임금체계를 구축하고, 노동 여건을 획기적으로 개선하는 일을 핵심 공약으로 제시했다. 현장의 요구는 분명했다. 같은 광주에서 같은 유형의 복지 서비스를 제공하고 있는데도 시설 유형이나 재정 구조, 주무 부서에 따라 임금과 수당이 제각각인 현실을 바로잡아 달라는 것이었다. 한마디로 사회복지 영역에도 '동일노동 동일임금'의 원칙을 적용해달라는 요청이었다.

이 공약을 실행하기 위해 광주시는 '제3기 사회복지시설 종사자 처우개선 계획'을 확정했다. 향후 3년간 총 445억 원의 추가 예산을 투입해 단일 임금체계를 정착시키는 것이 핵심 골자다. 이 계획은 보건복지부 인건비 권고 기준 100% 달성을 목표로 삼아, 공무원 대비 50~75% 수준에 머물던 사회복지시설 종사자 급여를 단계적으로 끌어올려 2025~2026년에 권고 수준에 도달하도록 하는 것이다.

정책을 책상에서만 만들지 않기 위해 우리는 현장 종사자들을 대상으로 대규모 설문조사도 진행했다. 처우 개선 대상시설 649개소, 종사자 3,900여 명 가운데 600명을 표본으로 삼아, 단일 임금체계와 복리후생 증진을 포함한 13개 주요 사업에 대한 의견을 세밀히 들었다. 각 유형의 시설에서 어떤 지원이 절실한지, 임금 외에 어떤 제도가 필요하다

2024 사회복지사의 날

고 생각하는지, "임금도 중요하지만 충분한 휴가가 더 절실하다"는 목소리부터 "건강검진 비용과 시간을 보장해달라"는 요구까지, 현장의 목소리는 다양하고 생생했다.

이 의견을 반영해 우리는 임금과 복리후생, 노동시간과 안전, 경력 개발과 존중 문화까지 포괄하는 종합 처우 개선 방안을 마련했다. 특히 가장 큰 변화는 '단일 임금체계'의 도입이다. 광주의 모든 사회복지시설 종사자에게 호봉제를 적용해, 시설과 업종에 따라 들쭉날쭉하던 급여 체계를 광주 전체 사회복지시설 종사자에게 호봉제로 일원화하기로 한 것이다. 그동안 가장 취약한 처우에 놓여 있던 지역아동센터

종사자도 예외 없이 동일 기준을 적용받는다. 이들은 그동안 특히 낮은 임금과 불안정한 고용에 시달려왔지만, 이제는 같은 광주 복지사로서 같은 기준을 적용받게 된다.

제26회 사회복지의 날 기념식에서 이런 변화를 시민과 함께 선언했다. 광주의 복지가 여기까지 올 수 있었던 것은 언제나 현장에서 묵묵히 어르신과 아이, 장애인과 위기 이웃을 돌봐준 사회복지종사자 덕분임을 강조했고, 이제 남은 과제는 처우 개선이라고 밝혔다.

실제로 광주시는 호봉제 전면 적용과 함께, 건강검진 휴가제 도입과 건강검진비 지원, 가족돌봄휴가와 장기재직휴가 같은 유급휴가 확대, 대체인력 지원 강화까지 한 번에 추진하기로 했다. 단번에 이렇게 많은 제도 혁신을 결정하는 것이 결코 쉬운 일은 아니었다. 재정 부담도 컸고, 제도 설계 과정에서 수없이 많은 논쟁이 있었다.

그러나 돌봄을 책임지는 사람의 삶이 불안정한데, 어떻게 시민의 삶을 안정시킬 수 있겠는가. 그 모순을 방치해서는 안 된다. 사회복지사가 자존감을 회복하면 복지 생태계가 건강해진다. 누구 한 사람의 선의에 기대는 것이 아니라, 도시 전체가 함께 책임지는 구조를 만드는 것이 우리가 가야 할 길이다.

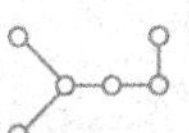

05

광주가 하면
대한민국 표준이
된다

익숙한 것과의 결별을 선언했다.
오래된 관행과의 결별만이
새로운 광주를 만드는 길이라 믿었다.

나부터 변화를 택했다.
공공기관을 통합하고
알박기 인사를 원천차단해
기득권을 내려놨다.

소아과 오픈런을 해결한 공공심야어린이병원,
지각을 장려해 전국이 놀란 학부모 10시 출근제,
'AI 당지기' 특별채용,
산단 근로자 조식 지원까지.

광주에서 시작한 변화가
전국으로 퍼져가고 있다.

광주에는 밤중에도 달려갈
어린이병원이 있다

한밤중에 아이가 갑자기 아프면 부모의 가슴은 철렁 내려앉았다. 이유 모를 열이 펄펄 끓으면 아이를 업고 무작정 병원으로 뛰었다. 세월이 흐르고 의료수준은 높아졌지만 요즘 부모들 사이에서 '소아과 오픈런'은 일상이 됐다.

2022년은 유난히 소아과 '오픈런'이 심했다. 코로나19 팬데믹 이후 소아청소년과 전문의 지원율이 급감하면서 공급이 수요를 따라오지 못했고, 소아청소년과 의료진 부족에 부모들은 새벽부터 병원 문 앞에서 줄을 서야 했다. 더욱이 윤석열 정부의 의료갈등이 의료대란으로 넘어가는 단계여

서 시민들의 불안은 커져만 갔다.

보건복지부는 2014년부터 평일은 물론 휴일에도 야간까지 진료하는 '달빛어린이병원' 제도를 운영해왔다. 그러나 제도 도입 후 9년 동안 광주에는 달빛어린이병원이 한 곳도 없었다. 대형 아동병원들은 속속 들어오는데 달빛어린이병원을 하겠다는 병원은 없었던 것이다.

아이가 아플 때 갈 병원조차 없다면, 저출생의 위기는 심화될 것이 불 보듯 뻔했다. 국회 초선 의원이던 시절, 저출생에 따른 어려움 해결을 위해 소아과를 소아청소년과로 변경하는 법안을 대표 발의했던 기억이 떠올랐다. 소아청소년과 전문의들과 인연이 깊었던 터라 시장이 된 후 병원 원장들을 직접 찾아가 달빛어린이병원 참여를 제안했으나 성과가 없었다. 저출생·육아 문제는 20년 넘게 답보 상태였고, 현실의 벽은 여전히 높았다.

"어린이와 부모가 안심할 수 있도록 공공의료체계를 손봐야겠다. 아무도 하지 않으려는 애물단지를 모두가 찾아오는 모델로 만들어보자."

공직자들과 전략회의도 하고, 관련 시설의 현장 목소리

를 듣기 위해 '정책소풍'도 다녔다.

그러던 중 2023년 4월 26일, 호남권역재활병원에서 현장브리핑을 열고 '광주 24시 어린이 안심병원 조성계획' 등 어린이 공공의료체계 구축 방안을 발표했다. 그리고 일주일 뒤 어린이날, 아이들에게 이렇게 약속했다.

"우리 어린이들이 건강하게 자랄 수 있도록 시장 아저씨가 책임지고 해볼게요."

하지만 현실의 장벽은 만만치 않았다. 밤 12시까지 열고, 전문의를 배치하고, 휴일에도 동일한 수준으로 운영하겠다는 병원을 찾는 일은 생각보다 어려웠다. 낮은 수가(의료서비스 대가)에, 소아청소년과 전문의가 턱없이 부족한 데다 높은 업무 강도, 병원 적자 문제 등이 얽혀 자발적 참여는 애초 불가능해 보였다. 인력 확보, 야간 진료 인센티브, 병원 설비 및 야간 운영 비용 등이 모두 커다란 부담으로 작용했다.

무엇보다도 필요한 것은 취지에 대한 '공감'이었다. 그래서 소아청소년 공공 의료체계 태스크포스(TF)를 구성하고 지역 의료계, 전문가들과 협의를 해나갔다. 마침내 의료진

밤 12시까지 진료하는
공공심야어린이병원

야간 진료비와 시설운영비로 쓸 시비 23억 원을 확보했다. 긴 설득 끝에 광주기독병원이 뜻을 함께하며 나섰다. 근대 의료의 시작점인 '제중원'의 역사가 새롭게 시작되는 듯한 느낌이었다. 2023년 9월, 광주기독병원 1층에 '공공심야어린이병원' 간판이 세워졌다.

그 결과 '손에 잡히는 변화'가 즉각 나타났다. 공공심야어린이병원 개원 한 달 만에 평일 하루 평균 이용자가 약 37명, 주말·휴일 평균 약 117명이라는 통계가 나왔다. 2024

한밤중에 공공심야어린이병원을 방문하는
아빠와 아이

년까지 누적 이용 환자는 약 6만 명을 넘었고, 실제로 가계가 부담해야 할 의료비는 약 20억 원 가량 절감된 것으로 집계됐다. 광주기독병원에 이어 광산구 광주센트럴병원, 북구 아이맘아동병원, 미래아동병원도 동참했다.

그동안 한밤중에 아이를 안고 발을 동동 구르고, 밤새 아이를 간호하느라 잠을 이루지 못했던 부모들의 생활이 달라진 것이다. 서울·경기·전북 등 전국 20여 개 지방자치단체가 벤치마킹을 위해 광주를 찾았다. 그중에서도 전남 여

수와 광양은 광주형 모델을 참고해 공공심야어린이병원을 열었다. 광주가 만들고 광주가 확산시킨, 모범적인 정책이 었다.

광주는 초등생 학부모에게
지각을 장려한다고?

광주가 자랑하는, 아니 광주 시민들에게 아주 인기가 높은 또 하나의 정책은 2022년부터 실시한 초등 학부모 10시 출근제다. 300인 미만 중소기업에 근무하는 초등학생 자녀 학부모 근로자에게 임금 삭감 없이 하루 1시간 단축 근무를 하게 한 정책인데, 아주 호응이 좋다.

제도의 핵심은 단순히 '출근 시간을 늦춘다'는 것에 있지 않다. 돌봄의 공백을 줄이는 데 포커스를 맞춘 정책이라 할 수 있다. 사실 출근을 해야 하는 부모 입장에서는 아침 시간대 아이의 등교나 등원 준비에 집중할 수가 없다. 쫓기는 맘으로 아이를 깨우고 씻기고 입히면서 이미 하루 분량의 피로를 쌓기 시작한다.

여유 있게 하루를 준비하고 출근하는 것과는 시작이 다르다. 그래서 가족친화적인 근무 환경을 고민했고, 실질적인 효과를 거둘 수 있도록 설계하고 적용한 것이다.

물론 근로시간 단축으로 인한 사업주의 인건비 부담을 완화하기 위해 시 차원에서 지원금을 제공하고 있다. 노사 모두가 제도에 참여할 수 있는 조건을 만들어야만 지속 가능한 정책으로 이어갈 수 있기 때문이다.

"아이와 함께 아침 준비를 여유롭게 할 수 있어 더 안정된 마음으로 출근하게 됐습니다."

"회의 시간 조정 등으로 업무에 큰 차질이 없었습니다."

"한 시간 늦게 출근하는 동료를 보면서, 나도 아이를 낳아도 되지 않나 하는 생각을 처음으로 해봤습니다."

제도 시행 이후에 제도 이용자들과 이들을 지켜본 사람들의 여러 반응들이 나왔다. 아이를 낳고 키우는 것이 너무

광주 초등생 학부모 10시 출근제 포스터

나 힘들게만 느껴졌던 사람들에게 기대 이상으로 긍정적인 반응이 쏟아졌다. 아직은 부족하지만 시민들의 의견을 통해 부족한 부분을 보완해 나간다면 아이를 키우며 직장에 나가야 하는 부모들에게 큰 힘이 되겠다는 판단이 들었다.

"아침에 아이와 함께 밥을 먹고, 등교 준비를 여유 있게 하고, 러시아워를 피해서 출근할 수 있다는 사실이 참

좋습니다."

초등학생 자녀를 둔 광주의 학부모들의 반응은 분명했다. 돈보다 시간이, 장려금보다 여유가 더 필요하다는 것이다.

그렇게 시간의 중요성으로 접근했기에 이 정책은 기존 복지정책과는 다른 만족을 이끌어낼 수 있었다. 기존의 출산장려금처럼 '결과'에 돈을 쓰는 대신, 부모가 아이를 돌볼 수 있는 '시간'에 투자하는 정책은 통했다. 행정이 시민의 일상과 호흡할 때 진짜 변화가 생긴다는 내 믿음이 현실로 증명되었다.

일각에서는 이른바 '지각 장려금'으로 부르는 이 제도는 근로자·사업주 모두에게 실질적 이익을 주는 점에서 혁신적 상생정책이다. 부모는 아이의 등교를 챙길 수 있고, 기업은 복지 확대 효과를 누리며 직원의 만족도와 충성도를 높일 수 있다.

정책 설계 단계부터 학부모, 사업주, 노동단체의 의견을 반영했다. 사업주들이 우려하던 인력 공백 문제는 '대체 근로 투입 비용'을 보전하는 방식으로 풀었다. 복지 사각지대에 있던 중소기업 근로자에게 실질적 혜택을 제공한다는 점에서 기존의 대기업 중심 복지제도와도 차별화된다. 광주시는 300인 미만 사업장을 우선 지원 대상으로 삼았고, 행정 절차를 간소화해 소규모 기업의 적극적인 참여를 유도했다.

정책 효과는 수치로도 확인됐다. 광주시가 2024년에 실시한 '10시 출근제 참여기업 및 학부모 설문조사' 결과, 참여 학부모 268명과 기업 174곳 모두에서 높은 만족도를 보였다.

학부모 응답자 150명 전원이 아이 돌봄에 도움이 됐다는 긍정적인 답변을 했다. 다자녀 가정의 반복사용 허용, 근로형태(정규직·기간제·대체인력)에 무관한 참여 등 현장 친화적 시책이 학부모들의 높은 만족도로 이어졌다.

더 긍정적인 부분은 회사와 동료의 긍정적 반응이 80%에 달한다는 점이다. 회사 내에 "1시간 정도는 충분히 배려할 수 있다"는 분위기가 확산되며, 이 제도가 직장 내에 갈등 없이 안착하고 있음을 보여준다.

참여기업의 만족도도 높았다. 모든 기업이 "앞으로도 제도를 지속적으로 활용하겠다"는 의사를 밝혔다. 2개월이 길지는 않지만, 아이가 새로운 학기를 시작하거나 방학이 끝나는 시기 등 돌봄 공백이 가장 큰 때에 집중적으로 활용되는 점이 만족도를 높였다는 반응도 유의미했다.

참으로 기쁜 소식은, 광주 시민들에게 큰 호응을 얻은 이

전국 최초로 초등생 학부모 10시출근제 광주에서 시행,
내년부터 전국으로 확대

제도가 전국으로 확산될 전망이라는 점이다. 고용노동부는 이 제도를 '유아·초등 자녀를 둔 학부모 전반'을 대상으로 확대하고, 지원 기간을 최대 1년까지 연장하는 방향으로 정책 설계를 진행 중이다.

광주에서 시작된 10시 출근제는 고용노동부의 '워라밸 국가사업'으로 채택돼 2026년부터 전국으로 확대될 예정이다. 지방정부의 정책 실험이 중앙정부의 복지 패러다임을 바꾼 상징적인 사례다. 단기적인 출산장려금보다, 일과 가정이 공존할 수 있는 구조적 환경을 만드는 광주의 시도는 지방행정이 국민의 삶을 바꾸는 방향성을 제시했다는 점에서 의미가 크다. 광주다움 통합돌봄 정책에 이어 광주 모델이 국가 정책으로 자리매김하는 또 하나의 사례가 된 것이다.

물론 과제도 남아 있다. 기업의 규모나 업종에 따라 유연근무 적용이 어려운 기업도 있고, 동료 직원 간 형평성 문제나 제도를 이용하는 데 필요한 기업의 신청 절차 간소화 등 지속적으로 보완하며 개선해야 할 문제들이 있다.

하지만 광주가 보여줬다. 지역이 먼저 실험하고, 국가가 확장한다는 지역발 정책 전개의 새로운 모델, 새로운 정책 경로가 가능하다는 것을. 사실 가족, 노동, 돌봄이라는 세 축을 어떻게 조화롭게 연결할 것인가가 우리 사회가 직면한 과제이다. 이를 연결하는 사회정책이 필요한 시대에 우리는 와 있다. 광주에서 시작한 이 모델이 세 가지 축을 어떻게 연결하고 더 나은 지점들을 찾아갈 것인지, 다른 지역의 조건에 맞게 어떻게 유연하게 조정되고 성장해 나갈지에 대한 기대도 크다.

정말로 기분 좋은 소식은 올 들어 광주의 출생률 증가세가 뚜렷하다는 점이다. 광주지역 2025년 8월 출생아 수는 572명으로 전년 대비 9.6% 증가했다. 전국 평균(3.8%)의

2.5배 수준이며, 제주에 이어 전국 2위다. 전국적으로 저출산 기조가 이어지는 가운데 광주의 상승세는 이례적이라는 평가가 나오는 이유다.

전문가들은 광주시의 일·가정 양립 정책이 출생률 반등의 주요 요인으로 작용했다고 본다. 긍정적인 시그널에 힘입어 앞으로도 임신, 출산, 양육에 이르는 전 과정을 더욱 촘촘히 살펴서 일과 가정, 사회가 함께 갈 수 있도록 행정의 몫을 다하겠다.

우리 노동자들,
따뜻한 밥 한 끼 먹입시다

매일 새벽같이 일터로 나가야 하는 산업단지 근로자들에게 아침식사를 챙겨 먹는 일이 쉽지는 않다. 출근 준비도 바쁘고, 통근버스에 몸을 싣고 공장으로 가는 일도 만만찮다. 건강을 위해서는 아침을 챙겨야 하는데 끼니를 거르는 일이 다반사다.

하지만 광주에서는 산단 근로자들의 아침 풍경이 조금 달라졌다. 출근길에 '김밥 한 줄, 샌드위치 한 개'를 간편하고 저렴한 가격에 먹을 수 있게 된 것이다. 광주가 전국 최초로 도입한 '산단 근로자 조식 지원사업'은 하루를 시작하는 밥 한 끼가 근로자의 건강권을 지킬 뿐 아니라, 노동 존중의 출발점이라는 생각에서 시작됐다.

광주에서 시작한 이 사업은 이재명 정부의 국정과제로 채택돼 노동복지의 국가 모델로 격상됐다. 근로자의 건강권을 지키고 삶의 질을 높이기 위한 광주의 노력이 전국 확산의 길을 열게 된 것이다.

사실 산업단지 근로자들은 대부분 교대 근무나 조기 출근이 일상이다. 노동시간 단축, 휴식권 보장 논의가 활발하지만, 그와 별개로 아침식사를 제공하면 건강에 도움이 될 거란 판단이 들었다. 하루를 버틸 에너지이자 정서적 지원이라고 해도 좋겠다.

2023년 3월 처음 시작한 '산단 근로자 조식 지원사업'은 출근길 산업단지 근로자들에게 시중가 절반 수준으로 김밥·샌드위치·샐러드 등을 제공하는 형태이다. 하남산단 1호점(하남근로자종합복지관)에 이어 첨단산단 2호점(테크노파크 과학기술동)이 문을 열었다. 평일 오전 6시부터 9시까지 운영되는 두 곳은 하루 평균 200여 명이 이용할 정도로 인기가 많다. 또한 농림축산식품부의 '산단 근로자 천원의 아침밥' 시범사업에도 선정돼, 국내산 쌀을 활용한 김밥을 1,000원에 제공할 수 있게 됐다.

산단근로자 조식 지원
전국 최초로 광주시가 시행.
내년부터 전국으로 확대

하루 한 끼를 지원하는 사업이지만, 반응은 좋았다. 20
24년 11월 실시한 만족도 조사에서 응답자의 95% 이상이
가격에 대해 '저렴하다'고 평가했다. 근로자들이 조식센터
를 이용하는 주요 이유로는 가격(75%), 시간 절약(39%), 건강
관리(22%) 등이 뒤를 이었다.

출근하는 길에 잠깐 짬을 내서 밥을 먹을 수 있고, 가격
도 저렴하다 보니 만족도가 높았던 것 같다. 또한 우리 지역
쌀을 활용해 김밥 같은 식사를 제공함으로써 농업과 노동복

지를 잇는 구조도 마련했다는 평가도 나왔다.

이른 아침에는 편의점밖에 갈 데가 없었는데, 복지정책이 노동현장의 리듬에 맞추어 설계되었고, 지자체가 '산업단지 근로자'라는 특수한 노동공간을 놓치지 않고 복지망 안으로 끌어들일 수 있다는 모델을 만들었다는 보람도 있었다.

사업을 진행하다 보니 메뉴가 다양하길 바란다는 의견이 많이 나왔다. 즉시 현장개선팀을 구성해 메뉴 확대와 피드백 반영을 지시했다. 서비스 이용자들의 의견을 수렴해서 김밥·샌드위치보다 더 든든한 식사형 메뉴를 도입하는 논의가 진행 중이다.

나는 이 반값 아침밥 사업을 한정된 정책이 아닌, 광주형 노동복지의 출발점으로 여긴다. 산업단지에서 일하는 근로자들이 아침 한 끼라도 챙기며 출근할 수 있고, 그 출근이 단지 노동을 시작하는 시간이 아니라 존엄한 노동의 하루가 시작되는 시간으로 바뀌었으면 하는 바람이다.

앞으로는 이 사업을 산업단지 전체로, 혹은 교대·새벽 근무가 많은 사업장 전체로 확대하고, 식사가 단지 저렴한 것을 넘어 지역 농산물과 연결된 건강한 '복지형 식사'로 진화시키려고 한다. 메뉴 선택권을 넓히고, 이용환경을 개선하고, 사업 운영 주체도 지역자활센터·복지관에서 다양한 민·관 협력체계로 확대하는 계획도 구상 중이다.

삶이 바뀌면 노동이 바뀌고, 노동이 바뀌면 도시가 바뀐다. 반값 아침밥 사업은 그 연결고리의 첫 고리다.

AI 당지기 특별채용

2025년 7월에 열린 수석보좌관 회의에서 이재명 대통령은 공직사회의 활력을 제고하기 위해 비효율적인 당직제도를 전면 개편하라는 지시를 했다.

"1960년대부터 이어온 당직제도는 AI 시대에 맞지 않는 옷"이라는 표현으로 구시대적인 당직제도 개편을 지시하자 언론의 시선이 광주로 쏠렸다. 광주에서는 이미 1년 전부터 특광역시 최초로 당직제를 폐지하고 AI 당지기 제도를 도입해서 실시하고 있었기 때문이다. 대통령 메시지가 전해진 덕분에 광주가 지방정부 AI 혁신대상을 받은 사실도 다

광주시 마지막 당직 근무자들.(2024.8.1.)

시 주목을 받았다.

사실 내가 당직제를 다시 살펴봐야겠다고 마음먹은 건 현장의 공기를 직접 경험하면서부터였다. 매일 아침 출근길에 시청 1층 당직실에 들렀다. 피곤한 얼굴을 한 직원에게 "밤새 무슨 일 있었어요?"라고 물으면 직원들은 "별일 없었다"고 답했다. 나는 전화는 몇 통이나 걸려왔는지, 어떤 내용인지 재차 물었다. 동물 사체 신고와 버스 노선 문의 등이었다. 실제로 통계를 살펴보니 야간·휴일에 접수되는 당직민원 대부분이 긴급처리를 필요로 하지 않는 단순민원이 대부분이었다.

그때 확신했다. 행정효율과 시민 편익, 직원 복지를 동시에 높일 수 있는 길이 있겠구나. 당직근무 다음 날 휴무에 따른 불가피한 업무 공백을 막아 행정능률을 높이고, 창의적인 업무가 가능하도록 말이다. 24시간 상시 운영되는 재난안전상황실에 당직 전담인력을 추가 배치해 통합운영하고, AI 중심도시 광주답게 'AI 당지기'를 특별채용했다.

그 결과 민원 전화부터 접수·분류·배정까지 24시간 처리하는 AI 당직자가 도입되었고, 청사를 지키던 밤샘 당직은 사라졌으며, 민원 대응 속도는 올라갔다. 이 모델은 도입 후 15개월 동안 총 2만 9,057건의 민원을 접수했고, 이 중 2만 4,108건(83%)을 AI가 1차로 처리하며 효과를 입증했다. 기존에는 당직 운영에 연간 1억 4,300만 원이 소요됐지만, AI 당지기 이용료는 900만 원에 불과해 93% 이상 예산을 절감했다.

시민의 한 사람인 직원들의 삶도 달라졌다. 특히 주취자 등에 의한 악성·반복 민원에 시달리지 않아도 돼 직원들의 피로도가 크게 낮아졌다.

"17개월 된 아기를 키우는 워킹맘이라 평일에 아이를

보기 어려웠는데, 주말 당직이 없어져 가족을 돌볼 수 있는 소중한 하루가 생겼어요."

광주시는 행정의 효율성과 직원의 삶의 질, 두 마리 토끼를 잡은 '광주형 행정혁신' AI 당지기로 '제1회 지방정부 AI 혁신대상'을 수상했다. 대구시를 비롯해 전국 30여 개 지자체에서 AI 당직 시스템 운영 방식과 적용 사례를 문의하거나 현장 방문이 이어졌다. '광주가 하면 대한민국 표준이 된다'는 말이 다시 한 번 증명된 셈이다.

기득권을 내려놓다,
공공기관 통폐합과 알박기 금지

역대 광주시의 공공기관은 시장이 새로 취임할 때마다 하나둘씩 늘어났다. 민선 3기 11개였던 공공기관은 민선 7기까지 24개로 늘어났다. 구구절절 설명하지 않아도, 공공기관이 인사권자인 시장에게 어떤 기득권으로 작동할 수 있는지 우리는 잘 알고 있다.

하지만 효율과 공공성이라는 관점에서 보자면, 이 관행을 그대로 유지하는 것이 과연 옳은가 하는 질문에 직면하게 된다. 기능이 중복되거나 역할이 모호한 기관들은 과감히 통합해 예산을 절감하고 운영 효율과 공공성을 높이는 것이 바람직하다. 시장의 권한은 줄어들 수 있지만, 시민에게는 이익이 되는 가장 분명한 혁신이라 할 수 있다.

그런 생각에 이르자 오히려 용기가 생겼다. 문제 제기와 저항이 따를 수 있다는 것을 알면서도, 아무도 가보지 않은 길을 가기로 결심했다. 중복되거나 유사한 기관들을 통합하는 시뮬레이션을 해보니 예산 절감 효과는 예상보다 컸고, 무엇보다 흩어져 있던 유사·중복업무가 하나로 통합되었을 때 공공기관 전체의 성장 가능성이 훨씬 명확하게 드러났다.

2023년 2월, 시청 브리핑룸에서 '민선 8기 광주시 공공기관 구조혁신안'을 발표했다. 유사·중복 기능을 합치고, 서비스 중심으로 재편하는 것이 골자였다. 숫자로 보면 간단하다. 시 산하 공공기관 24개를 20개로 줄이고, 8개 기관을 4개 기관으로 통합하며, 3개 기관의 기능은 대폭 키우는 구조였다. 하지만 실제로는 수십 년간 쌓인 조직 논리와 이해관계, 인사 관행을 건드리는 일이었다.

통폐합의 첫 시작은 '관광×MICE' 영역이었다. 김대중컨벤션센터와 광주관광재단을 하나의 그물망으로 묶어 '광주관광공사'로 재편하는 구상이었다. 컨벤션과 전시, 관광 마케팅이 서로 다른 기관에서 비슷한 일을 반복하는 이중

공공기관 통합, 인사청문 확대, 기관장 임기일치 등의 내용을 담은
'광주시 공공기관 구조혁신안' 발표
(2023.2.23.)

행정을 없애고, 국제회의 유치와 관광객 유치, 도시브랜드 마케팅을 하나의 컨트롤타워 아래로 모으자는 판단이었다. 시장의 독단이 아니라, 기능과 예산, 인력을 전수 조사하고, 전문가 검토를 거쳐 내린 결론이었다.

구조혁신 실무추진단을 꾸리고 표준 운영 매뉴얼을 만들었다. 법적 검토와 행정절차를 병행하면서, 통합 뒤에도 각 기관의 전문성은 살리되 중복 기능은 정리하는 방향을 세웠다.

김대중컨벤션센터는 전시·컨벤션 시설 운영과 임대, 전

시회 개최 등 MICE 전문기관으로 역할을 유지하고, 광주관광재단이 맡아오던 국내외 홍보·관광 마케팅 등은 통합 조직이 일원화해서 추진하도록 구조를 짰다. 국제회의 참가 지원 등 겹치는 기능은 통합해 '관광·MICE 컨트롤타워'로 재탄생시키는 방향이었다.

광주테크노파크와 광주과학기술진흥원을 묶어 기술·산업 혁신의 플랫폼을 하나로 만들었다. 단순한 통합을 넘어 대학 RISE사업을 전담할 광주RISE센터를 새롭게 추가했다. 지역의 기술과 산업발전에서부터 대학의 인재양성까지 생태계를 구축하는 혁신거점기관 통합이 목표였다.

광주사회서비스원과 복지연구원은 '광주사회복지서비스원'으로 통합해 돌봄·복지 연구와 실행을 한 축에서 움직이도록 했다. 통합돌봄의 전초기지이자 사회서비스종사자 권익 향상을 위한 프로그램도 맡겼다.

상생일자리재단과 경제고용진흥원은 '광주상생일자리경제재단'으로 통합해 일자리·경제를 함께 보는 재단으로 바꿨다. 겉으로는 기관 이름 몇 개가 바뀐 것에 불과해 보일지 모르지만, 실제로는 예산 편성 방식, 인사 체계, 사업 구조, 책임 소재까지 모두 다시 짜는 일이었다.

내가 조금 불편해지고, 누군가 아쉬워하더라도 바꿀 건

광주 공공기관 신규 직원들과 첫 만남

바꿔야 했다. 시장이 총대를 매면 그 이익은 결국 시민에게 돌아간다. 인사청문회도 대폭 강화했다. 시장이 스스로 자기검증을 강화한 꼴이다. 전국에서 가장 강화된 형태와 횟수의 인사청문회를 광주는 스스로 감행했다.

1년이 지나 첫 성적표가 나왔다. 2024년 행정안전부가 실시한 지방공공기관 구조혁신 평가에서 광주시는 광역지자체 부문 '최우수'로 선정되었고, 특별교부세 8억 원을 확보했다.

단순히 기관을 줄였다는 점뿐 아니라, 김대중컨벤션센

터·관광재단 통합, 사회서비스원·복지연구원 통합 등 실질적인 구조조정과 함께 시장-기관장 임기 일치, 인사 검증 강화, 인사청문회 대상 확대 등 제도 혁신까지 종합적으로 평가받았다.

구조조정의 효과는 숫자로도 분명히 드러났다. 정원 조정과 불필요한 사업 폐지, 조직 재설계를 통해 연평균 약 407억 원의 예산을 절감했다는 평가가 나왔다. 연 400억 원이 넘는 예산은 단지 장부상의 금액이 아니다. 이는 복지·교육·미래산업·기후위기 대응 등 시민 삶에 직접 쓰일 수 있는 자원을 새로 확보한 것과 같다. 제 살을 깎는 구조혁신을 단행한 결과였다.

물론 예산과 인력 줄이기가 공공기관 통폐합의 목표는 절대 아니다. 필요한 공익적 서비스를 위해서는 예산을 더 늘려야 하고, 인력도 마찬가지다. 하지만 공공성과 효율성이라는 대원칙하에 이뤄진 일이다.

시민들의 판단도 확인할 수 있었다. 2023년 2월, 공공기관 구조혁신안 발표 직후 실시한 여론조사에서 공공기관 구조혁신안에 대한 시민 만족도는 63.1%, 시장과 공공기관장 임기 일치에 대한 만족도는 70%로 나타났다.

미래 투자를 위한 혁신기관 전환도 함께 추진했다. 국제

기후환경센터를 광주기후에너지진흥원으로 명칭을 변경하고, 5대 필수 센터를 지정해 기후에너지진흥거점으로 기능을 강화했고, 변화는 성과로 바로 확인됐다.

전국 최초 1등급 제로에너지건축물 인증, 폐배터리 ESS 구축을 통한 전국 최초 무탄소 에너지 공공청사 도입, 전국 최초 RE100연계 영농형 태양광 사업까지 추진하는 등 지역의 혁신기관을 넘어 전국적인 모델로 자리 잡고 있다.

광주평생교육진흥원도 '인재'를 달아 인재평생교육진흥원으로 기능을 강화했다. 전국 최초로 광역평생학습도시로 지정을 받았고, AI 기반 평생교육시스템도 구축 중이다. 앞으로 느린학습자에서부터 인재양성까지 지역의 인재평생교육혁신기관으로 지속적으로 투자해 나갈 계획이다.

공공기관 인사청문회 대상 확대 역시 76.2%가 긍정적으로 평가했다. 시민 10명 중 6~7명이 "잘했다"고 답한 것이다. 구조조정은 늘 갈등과 반발을 동반하지만, 방향이 옳다면 시민은 결국 알아준다는 확신을 얻었다.

물론 통폐합 1년을 지나면서 현장의 마찰음도 생겼다. 광주관광공사 안에서는 통합 전 기관 출신들 사이의 감정의 골이 제대로 메워지지 않아 '한 지붕 두 가족'이라는 보도가 나오기도 했다. 승진 인사와 보수 체계, 조직 문화 통합 문제에서 갈등이 터져 나왔고, 일부에서는 "물리적 통합만 했지 화학적 결합은 여전히 부족하다"는 지적도 제기됐다. 이 부분은 구조 혁신의 불가피한 후속 과제이며, 시간이 필요하고 세밀한 관리가 요구되는 지점이다.

아무 변화도 만들지 않으면 갈등도 없다. 오래된 구조와 기득권을 건드릴 때만 마찰이 생긴다. 나는 통합 이후에도 인사·회계·조직 문화를 하나로 만드는 후속 작업을 계속 챙기고 있고, 통합 기관 구성원들이 스스로 새 조직의 정체성을 만들어가도록 지원하고 있다.

공공기관 통폐합과 함께 나는 인사제도도 손대야 한다고 생각했다. 아무리 구조를 통합해도, 기관장 인사가 정권마다 반복되는 '알박기' 논란에 휘말린다면 진짜 책임경영은 어렵기 때문이다. 그래서 강도 높은 혁신안에 맞춰 시장과 출자·출연기관장의 임기를 일치시키는 조례를 추진했다. 선출직 시장의 임기가 바뀌면 공공기관장들도 일정 부분 함께 책임을 지고 물러나거나, 재신임을 받도록 하자는 취지였다.

그동안 지방정부마다 임기가 다른 기관장들 때문에 새 지방정부가 출범할 때마다 갈등과 비효율이 반복되었다. 임기를 얼마 남겨두지 않은 단체장이 무리하게 기관장 인사를 단행해 '알박기' 논란이 벌어지고, 다음 정권은 그 사람을 해임할 명분을 찾느라 행정력을 소모했다. 이 과정에서 조직은 눈치를 보고, 시민 서비스는 뒷전으로 밀려났다. 나는 이 낡은 관행의 고리를 끊어야 한다고 생각했다.

광주는 이미 조례를 통해 시장과 공공기관장 임기를 일치시키고, 인사청문 대상 기관을 8곳에서 12곳으로 확대했다. 사실상 산하기관장 인사 권한의 일부를 내려놓은 셈이다. 기관장을 누구 한 사람의 사람으로 만들어 두지 않고, 시민 앞에 검증을 받는 구조로 바꾸는 것이 더 중요했다.

그런데 2025년 새 정부 출범 뒤, 국정기획위원회가 대통령과 공공기관장 임기를 일치시키는 방안을 검토하겠다고 밝히고, 더불어민주당이 대통령 임기 종료 시 임명된 공공기관장도 함께 물러나도록 하는 '공공기관의 운영에 관한 법률' 개정을 추진하는 것이 아닌가.

전국적으로 '알박기 인사 금지' 논의가 본격화됐다. 특히 윤석열 정부 시절 임명된 이진숙 방송통신위원장, 김형석 독립기념관장의 사례를 두고 '교활한 알박기'라는 비판이 쏟아졌다.

나는 SNS에 이렇게 썼다.

"이진숙 방송통신위원장, 김형석 독립기념관장의 교활한 알박기가 국민을 피곤하게 하고 있다. 대통령과 공공기관장의 임기를 일치시키는 법 개정은 당연한 조치다. 정권이 바뀔 때마다 인사 갈등이 반복돼 국민들이 피곤해하고 행정력도 낭비된다."

이 말은 정치적 수사가 아니라, 광주에서 이미 시행해본 제도의 경험에서 나온 확신이었다. 광주는 시장 취임 직후 공공기관 통폐합과 임기 일치 조례를 시행했고, 시민 70%가 이에 만족한다는 조사 결과를 이미 받았다.

이재명 정부 역시 공공기관장의 임기를 대통령 임기와 연동하고, 경영평가 최하등급 기관장은 해임 건의가 가능하게 하는 등 공공기관 인사 시스템을 손보고 있다.

나는 이런 변화를 보면서 광주에서 먼저 실행한 정책들이 중앙정부에서 제도화되며 한 번 더 증명되고 있다고 생각한다. 먼저 깃발을 들고 나갈 때는 확신이 있어도 외로운 지점이 있다. 그런데 이재명 정부에서 그 방향성에 박수를 보내주는 것을 보며, 동지적 애정과 감사한 마음이 함께 든다.

기득권을 내려놓는다는 것은 거창한 구호가 아니라, 실제로 쥐고 있던 권한을 내려놓는 구체적인 행동을 의미한다. 공공기관을 줄이고, 인사권한을 제약하는 조례를 만들고, 인사청문회라는 검증 장치를 도입하는 과정에서 나 역시 불편해지는 지점이 분명히 있다. 그러나 그 불편이 쌓여 시민의 편안함으로 돌아올 수 있다면, 그것이 시장이 감당해야 할 몫이라고 믿는다.

광주는 지금도 실험 중이다. 공공기관 통폐합과 알박기 금지, 책임경영과 예산 절감, 시민 만족과 현장 마찰 사이에서 균형을 잡아가고 있다. 나는 앞으로도 이 실험을 멈추지 않을 것이다. 작은 정부, 강한 현장, 그리고 기득권을 내려놓는 행정. 그 방향이 광주라는 도시의 품격을 더 단단하게 만들 것이라 믿기 때문이다.

"그땐 참, 고마웠습니다"
소방관의 인사

집 근처 식당에서 늦은 저녁을 먹고 있었다. 불쑥 한 남자가 다가와 "시장님, 그땐 참 고마웠습니다"라며 술잔을 내밀었다. 술을 끊었다고 했더니 음료를 건넸다. 남자는 자신을 소방관이라고 소개하고 '그때'를 이야기하기 시작했다.

2025년 1월 새벽, 광주 북구 신안동의 한 빌라에서 불이 났다. 그날 소방대원들은 인명 수색과 구조를 위해 여러 세대의 현관문을 강제로 열어야 했고, 그 과정에서 방화문과 잠금장치가 파손됐다.

그러나 문제는 다음이었다. 집주인이 현관문 수리비용

을 청구했다. 현장에 나갔던 한 소방관은 한 달 넘게 민원에 시달려야했다. 소식을 들을 뒤 곧바로 조치를 취했다. 우선 SNS에 짧은 글을 올렸다.

"불에 뛰어드는 소방관이 보상 걱정까지 해서는 안 된다. 주민의 불가피한 피해도 마찬가지다. 행정에서 책임지겠다."

이 말은 감정이 아니라 법과 제도를 근거로 한 시장의 약속이었다. '광주광역시 재난현장활동 물적 손실 보상 조례'에 보장된 손실보상심의위원회를 통해 1,000여만 원의 수리비를 지원했다.

소방관은 설명을 마친 뒤 "시장님의 짧은 한마디가 큰 힘이 됐다"고 감사의 뜻을 전했다.

다시 그때를 생각해도 당연한 조치였다. 감사 인사가 무색했다. 나는 "시민 안전의 최전선에서 최선을 다한 소방대원들을 언제나 응원한다"고 답했다. 식사를 마친 뒤 사진도 남겼다. 그들의 환한 미소에 절로 웃음이 났다. 시민의 생명과 안전을 지키기 위해 매일 고군분투 하는 이들에게 나야말로 한없이 감사인사를 전하고 싶었다.

또한 소방관이 시민의 생명을 먼저 생각하고, 손실보상은 행정이 뒤에서 받쳐주는 구조를 분명히 해야겠다고 다짐했다. 화재 현장에서 현관문을 부수고 들어가야 하는가, 말아야 하는가를 고민한다면 시민의 안전은 지켜지지 않는다.

시장으로서 내가 할 수 있는 일은 분명하다. 위험을 향해 뛰어 들어가는 사람들에게 법과 제도로 방패를 쥐여주는 것, 정당한 소방활동의 결과로 생긴 손실은 개인의 빚이 아니라 공동체가 함께 부담해야 할 몫임을 분명히 하는 것이다.

소방과의 인연은 시정을 맡기 훨씬 전, 국회의원 시절부터 이어져 있다. 2014년에는 '소방시설공사업법 일부개정 법률안'을 대표 발의해, 소방시설공사의 품질과 책임을 강화하고, 위법·부실 시 제재를 강화하는 내용을 추진한 바 있다. 당시에도 나는 소방의 현장은 결국 법과 제도가 얼마나 뒷받침해주느냐에 따라 달라진다고 믿었다. 시정의 자리에서는 그 믿음을 실무로 옮기게 된 셈이다.

광주소방학교 신임 소방사들에게 스스로의 '안전'을 당부하며

국회에 울려 퍼진
'배달앱 독립 선언'

2024 국회 산업통상자원중소벤처기업위원회 국정감사장
에서 광주시 이상갑 문화경제부시장이 마이크를 잡았다. 민
간 배달앱의 높은 수수료 구조에 맞서기 위해 광주가 추진
해온 '광주공공배달앱'이 국정감사 핫이슈로 떠올랐기 때문
이다. 광주는 공공배달앱 도입 이후 점유율을 빠르게 끌어올
렸고, 수십억 원에 달하는 거래수수료를 절감해 전국 지자체
의 모범사례로 언론의 주목을 받았다.

정부와 국회의 관심이 높아진 이 때 기회를 놓치지 않
고 국회로 달려갔다. 국회 소통관에서 산업통상자원중소벤

처기업위원회 위원인 정진욱 국회의원과 함께 브리핑을 열고 온라인 플랫폼 공정화 및 공공배달앱 활성화를 위한 국비 지원을 촉구했다.

배달앱 수수료를 5% 이내로 제한하는 중개수수료 규제 등 온라인 플랫폼 공정화 입법과 정부의 소상공인 지원 예산을 공공배달앱에 지원하는 방안도 제안했다.

고물가, 고환율, 고금리 '3조' 어려움에 처한 소상공인들의 숨통을 틔우는 것이 최우선 과제였다. 어려운 재정 여건 속에서도 윤석열 정부에서 대부분 삭감당한 지역화폐(상생카드) 예산을 지킨 것도, 특례보증 확대 등 민생회복 정책을 꾸준히 확대한 것도 이런 이유에서였다.

내가 아주 오래도록 사랑해온 광주의 골목골목을 지키기 위한 것이기도 했다. 오래전부터 말바우 시장에 국밥집들을 참 좋아한다. 맛깔스런 제철 나물을 듬뿍 먹을 수 있는 두암동 보리밥집도 좋아한다. 직접 커피를 볶는 작은 커피집, 맛있는 탕을 끓여내고, 삼겹살을 파는 식당들, 정성스럽게 빵을 구워내는 집들, 젊은 셰프들이 만들어주는 샐러드와 파스타도 곧잘 먹는다.

정성스럽게 음식을 만들고, 공들인 물건들을 파는 작은 가게들을 보면 고개가 절로 숙여진다. 그 수고로움도 알 것

광산구 한 족발집에서 공공배달앱 활성화 방안을 논의하다.

같고, 겪어나가는 어려움도 손에 잡힐 듯 느껴지기 때문이다. 골목경제를 이루고 있는 이 작은 가게들은 대한민국 경제의 실핏줄이다. 실핏줄이 막히면 경제가 막히고 세상이 잘 돌아가지 않는다.

어떻게 하면 시민들의 생활 기반인 소상공인들을 지킬 수 있을까에 대한 대답이 바로 광주의 공공배달앱이다. 소상공인들이 '배달앱 독립운동'이라 부르는 그 정책이다.

광주시의 소상공인 공공배달앱은 단순한 지역 앱이 아니다. 이 플랫폼은 '수수료 독점 구조를 어떻게 깨느냐', '지역 화폐를 어떻게 지역 안에서 돌리느냐', '골목상권을 어떻게 공공정책의 중심 축으로 세우느냐'라는 질문에 대한 실험이었다.

광주는 민간업체 위메프오를 '광주형 공공배달앱' 우선 협상 대상자로 선정하면서 새로운 시도를 시작했다. 광주시가 설계한 공공배달앱의 핵심은 세 가지였다.

첫째, 중개수수료는 2% 내외로 낮춘다. 민간 대형앱이 통상 6.8~12%대였다는 점을 감안하면 획기적이다. 둘째, 가입비·광고료·노출비를 받지 않는다. 셋째, 광주 지역화폐인 '광주상생카드'를 결제에 붙여 소비자에게 상시 할인을 제공하고, 그 소비가 곧 골목상권 매출로 직결되도록 한다.

이 모델은 '민간이 운영하고 시가 조건을 만든다'는 민·관 협력 구조를 전제로 한 것이다. 다른 기관들의 사례를 벤치마킹하고 수수료 상한, 결제 방식, 전통시장 장보기 기능까지 반영하며 초기 설계를 다듬은 결과였다.

광주는 이 앱을 2021년 7월 '광주공공배달앱'이라는 이름으로 본격 가동했다. 첫해 전략은 명확했다. 지역화폐 결제 연동으로 소비자 단가를 낮추고, 가맹점 가입 문턱(가입비·

광고료)을 없애 자영업자 유입을 늘리는 방식이다.

시범 운영 수개월 만에 가맹점은 수천 곳을 돌파했고, 거래액은 수십억 원 단위까지 올라갔다. 수수료가 낮으니 소상공인 절감액이 누적돼 곧장 영업이익으로 들어가는 구조이기 때문이다. 실제로 2023년 4월 공개된 수치를 보면, 누적 매출 228억 원, 가맹점 약 8,700곳, 주문 91만 건 이상이었고, 민간앱 대비 낮은 수수료 덕에 소상공인들이 아낀 비용이 10억 원이 넘는다는 분석이 나왔다.

생각해보면 목적을 분명히 하는 데서 문제는 해결된다.

첫째, 광주형 공공배달앱은 단순한 IT 서비스가 아니라 골목경제를 위한 '민생플랫폼'이라는 점에서 모든 설계가 이뤄졌다.

둘째, 이 플랫폼은 시 행정이 위험을 감수하고 직접 첫 발을 뗀 적극행정이므로 조직 차원에서 인센티브를 줘야 한다. 다시 말해 이 사업은 광주시 내부에서 '혁신'이 아니라 '표준'으로 삼아도 된다고 공인된 셈이다.

이 과정을 통해 공공조건을 수용한 복수 플랫폼 체계로

전환했다. 위메프오에 더해 신한은행의 '땡겨요'를 추가 투입한 것이다. 두 앱 모두 우리가 내건 조건인 수수료 2%대, 지역화폐 광주상생카드 결제, 상시 할인·쿠폰을 수용하는 모델이었다. 사실상 민간 플랫폼을 공공 원칙 안으로 끌어들이는 모델을 만든 셈이다.

하나의 독점적 공공앱이 전체 수요를 감당하지 못하는 기술·배달망의 한계를 보완하고, 동시에 두 민간 사업자를 경쟁에 붙여 서비스 품질을 끌어올리려는 노력이 계속됐다. 배달앱도 공공성과 경쟁이 동시에 작동해야 시장이 건강해지기 때문이다.

이 복수 체계 도입은 다른 지역에도 일종의 신호가 됐다. '땡겨요'는 이미 서울시 자치구, 충북, 세종 등에서 지역형 배달앱 방식으로 협약을 맺으며, '지방정부 맞춤형 수수료 구조+지역화폐 결제+로컬 프로모션'이라는 조합을 전국 단위로 확장하고 있다.

배달앱의 공공성을 경험한 자영업자들이 '배달앱 독점에 맞서는 독립운동'이라는 캠페인을 벌이기도 했다. '못 살겠다 갈아타자'는 슬로건으로, 대형 플랫폼의 수수료 인상을 비판하고 공공배달앱으로의 집단 환승을 호소하는 서명운동이 온오프에서 벌어진 것이다.

상인들과 현장 대화

어쩌면 단가 싸움을 넘은 지역경제 주권 문제라는 생각도 들었다. 물론 광주의 공공배달앱은 숫자로만 보면 여전히 민간 빅테크 플랫폼과 비교할 수 없는 작은 규모다. 하지만 광주는 거대 플랫폼의 수수료 인상과 광고비 전가를 '시장의 자연스러운 현상'으로 두지 않고, 그걸 '정치적·행정적 문제'로 풀려고 노력했다는 점에서 의미가 있다. 민생경제에 있어서 중요한 문제라면 행정에서도 중요한 문제이기 때문이다.

공공배달앱 플랫폼과 더불어 광주상생카드를 지역 가게

에서 쓸 수 있도록 했다. 그 카드는 단순한 결제수단이 아니라, '내가 쓰는 돈이 내 도시를 살린다'는 참여의 상징이었다. 상생카드 할인율을 7%에서 13%로 상향해서 시민들이 체감할 수 있는 혜택으로 바꾸었다.

또, 온누리상품권 소비액의 5%를 환급해주는 제도도 도입했다. 소비자는 돌려받고, 가게는 매출이 느는 골목경제 순환 구조를 만든 것이다.

바쁜 자영업자들에게 가맹등록 서류가 어렵고, 보증 절차가 까다롭다면 그 또한 부담이 될 것이기에 '골목상권지원단'을 만들었다. 행정과 현장의 통역자로서 일을 진행해 가기 위함이었다.

자금난 해소를 위해 1,700억 원 규모의 특례보증도 준비했다. 은행의 문턱을 낮추고, 신용등급이 낮더라도 생존의 기회를 잃지 않도록 했다. 소상공인의 세계에서 1,000만 원은 생존과 폐업을 가르는 경계선이 될 수 있기에 조금이라도 부담을 완화시키고자 마련한 금융지원체계이다.

다행스럽게 골목형 상점가 지정 수는 219곳에서 568곳으로 늘었다. 온누리상품권 가맹점은 1만 3,000여 곳에서 2만 4,000여 곳으로 확대됐다.

광주의
두 번째 등장

광주는 긴 시간 동안 변화의 길을
스스로 만들어왔다.
그리고 지금, 민주주의 뿌리 위에
AI라는 새로운 날개를 달았다.

AI와 함께 산업과 도시, 삶의 방식을
다시 설계하는 광주의 미래지도는
우리가 미래 세대에게 물려줄
가장 큰 유산이 될 것이다.

AI로 여는 광주의 다음 장,
그 변화는 이미 시작되었다.
그것이 바로 광주의
‘처음보다 더 극적인 두 번째 등장’이다.

미래도시 광주가 왔다

광주는 그동안 누구보다 치열하게 민주주의를 지켜왔고, 그 정신은 도시의 가장 강력한 자산이었다. 이제 민주의 가치를 기반으로 성장의 기회로 나아가야 한다. 그 답을 'AX 성장 모델'에서 찾았다. AI로 완성하는 '미래도시, 광주'다. 1980년 광주는 오늘의 대한민국을 구했고, 그 정신은 12·3 비상계엄을 이겨낸 힘이 되었다. 한강 작가의 노벨문학상 수상으로 오월광주의 가치는 전 세계로 확장되었다. 이 민주주의 DNA가 AI 시대에 가장 강력한 경쟁력이 될 것이다. 광주는 대한민국 역사에 민주주의 성장으로 한 획을 그은 도시이고, 이제 '모두의 AI'로 성장의 두 번째 획을 긋게 될 것이다.

4년 전 시장에 출마하며 동구 디지털 정밀의료, 서구 마이스 비즈니스, 남구 차세대배터리, 광산구 자율주행차, 북구 AI 플랫폼 5대 신경제지도를 그렸다. 그 선언은 AI와 결합해 무한 변주 중이다. 동구는 AI의료헬스도시로, 서구는 AI융합마이스(MICE)도시로, 남구는 K-에너지·콘텐츠 도시로, 북구는 국가AI집적도시로, 광산구는 AI모빌리티 신도시로 광주의 미래지도를 바꾸고 있다. 군공항이 떠난 자리에 '광주형 실리콘밸리'가 조성되고, 도시 전체는 'AI 규제프리 실증도시'로 재편된다. 국가AI반도체(NPU)컴퓨팅센터를 중심으로 광주는 대한민국 모든 AI 기술이 시험·검증되는 거대한 실험장이 된다. 그리고 참여형 민주주의 '모두의 AI 플랫폼'은 시민의 삶을 더 풍요롭게 만드는 도시의 새로운 질서가 될 것이다.

이처럼 AI는 광주의 산업 판도를 바꾸고, 시민 삶을 획기적으로 변화시킨다. AI가 경제, 문화, 교육, 산업 모든 영역을 다시 설계하는 AX 성장모델은 AI 2단계 AX실증밸리 사업의 시작과 함께 본격화된다. 시민 모두가 AI의 혜택을 누리는 도시, 광주가 실현할 '모두의 AI'다. 광주는 AI로 도시 전체를 업그레이드하는 대한민국 최초의 도시가 될 것이다. 누군가 내게 꿈을 묻는다면, 나는 주저 없이 '부강한 광주'라 말할 것이다. '부강'은 단순히 돈이 많은 도시가 아니다. '부'는 경제적 풍요를 가져오는 '산업'을 키우고, 일자리와 기회를 만드는 힘이다. '강'은 시민의 삶을 지탱해주는 '포용적 제도'를 갖추는 힘이다. 광주는 지금 기회를 잡았다. 이재명 정부와 함께 AI로 날아오를 것이다. 민주주의 DNA를 가진 광주가, 세계 속에 AI 3강을 이끌어내겠다.

AI는 '미래도시 광주'의 뿌리

10년 전 '4차 산업혁명시대'를 키워드로 제시하며 붐을 일으켰던 다보스포럼의 당해 키워드는 '지능화 시대(Intelligent Age)'였다. 지능화 시대는 AI와 여러 기술이 일상생활에서 통합된 새로운 시대를 말하며, 기존 산업혁명 속도보다 훨씬 빠르고 광범위할 것으로 예견되었다.

오늘날 지능화 시대 AI는 기술 그 자체도 중요하지만, 궁극적인 방향과 목적은 연결과 서비스다. 결국 삶 속에서 사람·사물·도시·공간과 연결되어야 그 존재가치가 증명되는 산업인 것이다. 그런 의미에서 AI는 모든 것이다. 지능화 시대의 뿌리산업이며, 광주의 산업과 산업을 잇고, 새로운 도약의 무기가 될 것이다. 과거 도시는 산업단지 따로 주거단지 따로 존재했지만, 지능화 시대에는 일상의 데이터와 AI가 기존 산업과 도시에 연결되어야 한다. 그를 위해서 정주-연구-실증-산업이 선순환하는 5개의 AI 실증도시 모델을 만들자고 주장했고, AI 규제프리 실증도시 모델로 구체화되고 있다. AI를 거대한 축으로 돌아가는 광주의 미래 전략이자 대한민국 성장판을 바꾸는 핵심 동력이 될 것이다.

광산구, 자율주행차 선도하는 'AI모빌리티 신도시'로 질주하다

나는 광산구의 미래에 대해서 이렇게 말하고 싶다.

"지금까진 자동차 하면 울산이었지만, 이제 미래차 하면 광산이 될 것이다. 광산의 미래차국가산단과 빛그린산단, 소부장특화단지와 AI모빌리티 신도시가 이 새로운 산업을 성공시킬 것이다.”

나는 오래전부터 두 개의 완성차 공장을 보유한 광주의 저력과 AI가 만나야 한다고 생각했다. 2023년 미래차국가산단 유치를 계기로 개최한 미래차 비전선포식에서 나는 “광주를 제2의 완성차 도시에서 제1의 미래차 도시로 만들겠다”는 비전을 밝혔다.

지금 광주는 대한민국 미래차 산업의 중심지로 도약할 기회를 잡았다. 그리고 이 미래차 시대의 경쟁력은 첨단소재나 완성차 디자인보다 소재·부품·장비, 이른바 ‘소부장’의 혁신에서 판가름난다. 미래차 산업의 중심은 엔진이 아니라 전력 반도체, 모터, 센서, 그리고 인공지능 제어 칩이기 때문이다. 이러한 산업 전환기에 2023년 광주는 산업통상자원부로부터 ‘자율주행차 부품 소부장 특화단지’로 공식 지정되었다. 2023년 미래차국가산단 지정에 이은 또 하나의 쾌거였다.

광주의 모빌리티 산업은 성공할 수밖에 없다. 가장 큰 이유는 광주가 구상하고 있는 AI모빌리티 신도시이고, 광주는 이를 가장 먼저, 가장 규모 있게 준비한 도시이기 때문이다. 나는 2023년부터 일본의 우븐시티와 같이 모빌리티 실증기술이 모여 있는 공간을 만들어야 한다는 생각을 했고, 광주테크노파크·광주미래차모빌리티진흥원·광주연구원 등을 중심으로 준비를 계속해왔다.

기존의 자동차가 사람과 물건을 실어 나르는 도구라면, 미래차는 사람뿐 아니라 데이터와 정보를 옮기는 도구이다. 차량·도로·신호체계·통신망·에너지·데이터·사람이 연결되어 작동하는 미래차 개발과 업그레이드를 위해서는 도시 실증이 필수이다.

미래차국가산단과 소부장특화단지로 기반을 닦은 광주는 2025년 들어 AI모빌리티 신도시 조성에 박차를 가했다. 지난 4월엔 '미래 모빌리티 신도시' 조성을 광주의 제안으로 내걸었고, 6월엔 타운홀미팅에서 대통령께 미래차국가산단에 "직·주·락(職住樂)이 결합된 AI모빌리티 신도시를 반드시 성공시킬 것이며, 그를 위해서는 규제프리가 꼭 필요하다"고 건의했고, 국정과제로 채택되었다. 또 지난 9월엔 국회에서 광주·전남 대도시권을 만들기 위한 AI모빌리티 신도시 구상 정책토론회를 열고, 직접 발제하기도 했다.

이러한 노력은 대한민국 어디에도 없는 실증도시인, AI 모빌리티 신도시를 위한 것이었다. 1조 5,000억 규모 프로젝트인 이 사업은 로봇·드론 등 첨단 모빌리티 인프라와 AI가 융합된 미래형 신도시 건설 프로젝트로, 자율주행차, 드론, 로봇이 일상 전반에 접목되는 새로운 도시다.

광주시가 제안한 공동연구를 국토부가 수용하면서 광주시와 국토부는 2억 원 규모의 공동 사전 기획을 통해 올해 안에 큰 틀의 밑그림을 완성할 계획이다. 2026년에는 기본구상 용역으로 계획을 수립해, 2028년 착공, 2030년 말 준공이 목표다. 광주는 여기에 더해 '자율주행 실증도시' 국가 사업까지 확보했다. 이 사업은 말 그대로 '자율주행차의 시험장'이 되는 국가 프로젝트이자, 미래차가 실제 도로에서 달리고 기술을 시험할 수 있는 국내 최초 테스트베드다. 자율주행 관제센터, 자동차와 도로가 대화하는 V2X 시스템, 테스트 주행로 같은 핵심 시설을 단계적으로 만들 계획이다.

이 모든 실증 기반은 광주가 구축해온 미래차 산업벨

트와 맞물려 더 큰 힘을 낸다. 광주는 진곡산단(부품 생산), 빛그린국가산단(시험·인증), 그리고 미래차국가산단(실증·양산)을 삼각형으로 잇는 전국 유일의 미래차 산업벨트를 갖추고 있다. 총 220만 평 규모의 이 산업벨트는 자동차 산업의 개발-검증-상용화 전 과정을 한 지역 안에서 완결시키는 초격차 생태계다. 덕분에 부품이 개발되면 바로 시험·인증을 거쳐 실제 도로에서 실증할 수 있어 상용화 속도가 혁신적으로 빨라진다.

AI모빌리티 신도시와 자율주행 실증도시, 그리고 소부장 특화단지와 미래차 산업벨트가 하나로 연결되면 광주는 대한민국에서 처음으로 기술 개발과 시험, 실증과 상용화가 모두 가능한 '완전한 미래차 도시'가 된다. 이러한 인프라가 제대로 구축되고 상용화 단계에 들어서면 광주의 모빌리티 산업은 그 어떤 도시보다 빠르게 성장할 것이다.

동구, 'AI의료헬스도시'로 활력을 내뿜다

도시 인구의 절반을 먹여 살리는 미국의 메이요클리닉은 지금 방대한 데이터를 기반으로 한 AI 병원으로 전환하고 있다. 의료와 AI, 돌봄이 결합하면 하나의 병원이 도시 전체의 경제를 살릴 수 있다는 것을 잘 보여주는 사례다.

광주 동구는 종합병원과 병상 밀집도가 전국에서도 드물게 높은 지역이다. 여기에 AI 기술과 돌봄·치유 자원을 결합한다면, 동구 역시 '도시를 먹여 살리는 메이요클리닉형 의료 생태계'를 만들 수 있다.

이러한 판단 속에서 동구는 'AI의료헬스케어'를 미래산업으로 선택했다. 화순의 백신특구와 광주의 첨단의료산업을 연결하고, 다양한 건강·헬스 데이터를 통합해 '의료-산업-데이터'가 결합된 AI의료헬스케어도시를 구축하는 전략이다. 이미 동구에서는 환자와 가족의 특성에 따라 식단부터 치유 과정까지 AI가 맞춤형으로 제공하는 실증사업이 진행되고 있다. 대학병원이 보유한 양질의 의료 데이터를 실증랩에서 안전하게 학습하며 새로운 AI 솔루션을 개발하고, 치매 데이터와 임상 데이터를 활용한 다양한 실증 프로젝트도 추진되어 왔다. 공원과 공공기관을 시민 건강관리 공간으로 전환하고, AI가 환자의 상태를 더 정확하게 진단하는

'AI의료헬스' 사업들은 AX실증밸리 구상 속에서 이미 체계화되고 있다.

이 흐름을 실현하기 위한 핵심 기반이 바로 동구 금남로에 조성되는 'AI헬스케어 실증 콤플렉스'다. 이곳은 스타트업, 병원, 연구기관, 기업이 한 건물에서 함께 기술을 연구하고 시험하며, 시장까지 빠르게 연결될 수 있도록 설계된 종합 플랫폼이다. '아이디어→개발→실증→인허가→시장출시'까지 한 도심 안에서 연결되는 도시형 의료 혁신 구조는 전국 어디에도 없는 모델이다. 이 실증 콤플렉스의 완성은 동구를 AI의료헬스도시로 도약시키는 결정적인 전환점이 될 것이다.

최근 전남대 스마트병원 건립이 예타 대상 사업으로 선정되고, 동구 역시 헬스케어 실증도시 사업 추진에 본격 나서고 있다. 이제 남은 과제는 전남대·조선대 등 지역 병원을 AI 병원으로 전환시키고, 의료헬스케어 빅데이터를 중심으로 생활 속에서 실증되는 AI 건강도시 체계를 완성하는 일이다. 동구의 'AI의료헬스'는 단순한 의료사업이 아니라, 원도심을 되살리고 도시의 미래 먹거리를 창출하는 전략적 산

업이다. 미국의 메이요클리닉처럼, AI 기반 의료혁신을 통해
도시를 부양할 새로운 성장동력이 될 것이다.

서구, 'AI융합마이스도시'로 우뚝 서다

서구의 마이스(MICE) 신경제지도는 대규모 전시시설 중심
의 전통적 마이스 산업을 확장해, 도시 전체가 플랫폼이 되
는 '도시형 마이스 모델'을 구축하는 데에 있다. 오늘날 마이
스 산업의 핵심은 단순한 박람회가 아니라, 도시 공간을 무
대로 한 문화·관광·산업의 만남이며, 시민들의 일상 속에서
부가가치를 순환시키는 새로운 도시 성장전략이다.

서구의 가능성은 충분하다. 서구는 이미 국제회의복합
지구인 상무지구와 5·18의 공간, 광주천과 영산강의 공간
까지 다양한 생활·문화자원을 보유하고 있다. 이 다양한 도
시 공간을 연결해 연중 365일 소규모·중규모 행사와 포럼·
축제·문화콘텐츠가 끊임없이 열리는 '도시형 마이스 생태
계'를 만드는 것이다. 특히 행사의 운영·안내·참여 경험을
AI로 혁신하고, 국제회의복합지구에서 AI 기반 박람회·포

럼을 실증하는 등 마이스와 AI가 시민의 일상을 잇는 '생활 속 지능화 사례'가 서구에서 가장 먼저 완성될 수 있다.

　나는 시장 취임 이후 가장 먼저 도시의 모든 축제를 'G-페스타'라는 축제 통합브랜드로 런칭하고 4계절 내내 도시 축제를 열어 도시에 활력을 불어넣었다. 오월광주는 민주주의 대축제로, 스트릿컬처페스타는 1만 5,000여 명이 참여한 여름 대표 축제가 되었다. 광천동에서부터 전방·일방까지 이어지는 광천권역은 일본의 롯본기힐스나 아자부다이힐스처럼 광주의 새로운 랜드마크 복합도시로 자리잡을 마지막 협상을 진행하고 있고, 중앙공원도 국가도시공원 지정을 목표로 뛰고 있다. 서구는 광주에서 가장 많은 사람들이 모이고, 그 사람들이 도시 곳곳으로 퍼져나가는 '사람의 터미널'이 될 것이다.

남구, AI와 결합한 에너지와 콘텐츠

2017년 대선 때 광주·전남의 공동 공약으로 한전공대를 기획했던 첫 번째 이유는 '인공태양을 광주·전남의 미래 먹거리로 연구할 수 있는 대학'을 만들어내기 위해서였다. 에너지밸리를 광주·전남의 미래 먹거리로 키우고, 전국 1호로 지정된 에너지산업융복합단지를 함께 살리는 것이 광주와 전남이 함께 잘살 수 있는 길이고, 이를 위해 인재와 산단, 기업이 모여야 한다고 생각했다.

에너지산업은 광주의 중요한 미래산업이지만 윤석열 정부를 거치는 동안 어려움이 많았다. 재생에너지의 대부분은 전남에서 생산되고, 내륙도시인 광주는 재생에너지 생산을 획기적으로 확대할 수 있는 공간 자체가 부족했지만, 여기에 더해 윤석열 정부에서는 광주와 전남을 하나의 계통관리지역으로 묶어 신규 발전사업도 원천적으로 차단했다.

분산에너지와 RE100은 시대적 흐름이자 방향이었기에 광주가 잘할 수 있는 것부터 해나가기로 했고, 그것이 바로 광주형 RE100 도시다. "외부의 전력을 쓸 수 없다면 내부 자원으로 그리드를 만들어보자." 그렇게 올해 광산구 본량 지역과 광주글로벌모터스(GGM) 공장을 연결해 전국 최초로 RE100 연계 영농형 태양광발전 사회적 대화 기구를 출범시켰다. 식량안보와 농촌 경관은 해치지 않고, 모든 과정을 농민 스스로 설계해 햇빛소득은 농민이 가져가고, GGM은 RE100기업으로 전환한다는 첫 모델사업이다. 남구에너지산단 종합지원센터도 지난해부터 운영에 들어가 에너지특화기업 사업화 지원 등을 추진하고 있고, 한전공대-GIST-전남대로 이어지는 K-그리드 인재양성 체계도 만들고 있다.

특히 남구의 또 다른 성장축은 콘텐츠산업이다. 2023년 국토부로부터 지정받은 송암산단 혁신지구 사업이 본격화되면 첨단문화콘텐츠테마파크를 비롯한 복합허브센터, 일자리 연계형 주택까지 송암-효천역 일대는 변화를 시작한다. 2028년까지 1,560억이 투입되어, 40년이 넘은 노후된 송암산단은 콘텐츠과 모빌리티 기술 기반의 '모빌리티 애프터 마켓'으로 변화될 것이다.

광주실감콘텐츠큐브(GCC)도 웹툰, 애니메이션 등 문화콘텐츠 기업과 콘텐츠사관학교 청년들이 광주 콘텐츠허브를 발판삼아 새로운 기회를 맞이하고 있다. 2023년 11월 개관 이후, 첨단 영상실감콘텐츠 제작의 핵심 거점으로 자리 잡고 있으며, 스튜디오 예약률이 100%에 이를 만큼 인기가 높다. 이제는 대선 공약에 채택된 K-문화콘텐츠 테크타운을 중단 없이 추진해, 남구를 대한민국 콘텐츠산업의 플랫폼으로 만드는 일만 남았다. 시장에 취임하고 가장 많이 간 곳을 꼽으라면 전일빌딩245와 GCC(광주실감콘텐츠큐브)일 것이다. 전일빌딩245에는 두다다쿵, 브레드이발소, 다이노 등이 살고 있다. 바로 애니메이션 콘텐츠 기업들이다. 지식기반의 무형자산의 가치가 그 어느 때보다 높은 지금, 광주의 문화콘텐츠 기업들이 소프트파워로 주목받으며 안방으로, 해외로 수출되고 있다.

그리고 송암동에 위치한 GCC는 그 문화의 가치를 만들어내는 콘텐츠사관학교 청년들이 있다. AI사관학교, AI영재고 등 AI 인재양성은 물론 문화콘텐츠 인재에도 깊은 관심을 기울였다. 문화콘텐츠 실무 인재양성을 위해 만든 것이 GCC사관학교였다. 2024년 제1기 수료생 71명이 취업·창업에 성공한 데 이어 올해 제2기 106명 수료생 중 이미 22명이 취업·창업에 성공하며 지역 대표 문화교육브랜드로 입지를 굳혀가고 있다.

북구, '국가AI집적도시'로 도약하다

이번 대선에서 이재명 당시 후보를 비롯한 여러 대선 후보들에게 '대선 공약 광주의 제안'을 제시했다. 특히 광주에 투자하면 '초격차 AI도시'를 구축해 대한민국의 성장판을 열 수 있다고 강조했다.

광주는 이미 7년 전부터 인프라-인재-기업으로 이어지는 AI 산업 생태계를 조성해왔다는 자신감도 있었지만, 그 생태계 속에서 자라난 AI 반도체(NPU) 국산화, 국방반도체를 비롯한 AI 방위산업 등 새로운 산업의 가능성이 보였기 때문이다. 대한민국 AI 3강을 넘어 초격차 AI로 성장하기 위해서는 이미 생태계가 집적된 광주만이 실질적 경쟁력이 있다. 광주의 AI 산업은 국가AI데이터센터 등 기존 인프라에 더해 국가AI반도체(NPU)컴퓨팅센터와 AI 반도체 실증거점이 함께 육성될 것이다. 대통령실 등 정부와의 협의도 마무리단계에 접어들었다.

광주는 AI 반도체(NPU)를 실제 환경에서 마음껏 시험하고 개선할 수 있는 국가 차원의 테스트 공간을 갖추게 될 것이다. 컴퓨팅센터가 AI를 실행하는 힘이라면, 실증거점은 AI 반도체 기술을 키우는 엔진이다. 이 시스템이 갖춰지면 광주는 단순히 AI를 사용하는 도시를 넘어 AI 반도체를 고도화하는 도시로 자리매김할 것이다.

여기에 AX실증밸리 6,000억 원 예타 면제에 힘입어 AX 핵심기술 개발 지원을 대폭 강화한다. 광주가 추진하는 AI 2단계 AX실증밸리 사업의 핵심은 생활공간의 실증을 통해 시민의 삶을 가장 먼저 AI로 변화시키는 것이며, 이 실증의 핵심은 규제 없는 실험과 실증을 통해 AI 산업을 육성하는 것이다.

지난 3년간 탄탄히 구축해온 AI 인재양성 사다리는 전문가 과정까지 더욱 고도화되며, GIST AI대학원도 융합 AI 인재양성으로 영역을 넓힌다. 특히 AI 인재양성의 산실로 불리는 AI사관학교는 전액 국비로 전환되어 규모가 확대되며, AI영재고는 2028년 개교를 목표로 속도를 내고 있다.

이 같은 전략이 제대로 작동하기 위해서는 광주 전체를 AI 규제프리 실증도시로 만드는 것이 무엇보다 중요하다. 도시 전역에서 생성되는 데이터는 안전, 자율주행, 환경, 돌봄 등 도시 관제에 활용되어 더 빠르고 더 안전한 도시공간을 구축하게 된다.

광주 전체를 AI 규제프리 실증도시로 지정하고 광주에 대한 투자를 확대하는 것이 대한민국이 세계 AI 강국으로 나아가는 가장 빠른 길이다. 조인철 국회의원이 대표 발의한 'AI기본법'이 2026년 1월 시행을 앞둔 만큼, 광주는 국가AI 집적단지로 지정받기 위해 선제적으로 준비해 나갈 것이다.

군공항이 떠난 자리, '광주형 실리콘밸리'로

군공항 이전은 단순한 시설 이전이 아니라, '미래도시, 광주'를 완성할 마지막 퍼즐이다. 군공항과 탄약고 부지가 떠나는 순간, 광주 도심 한복판에 여의도의 5배가 넘는 기회의 땅이 열린다. 나는 이곳을 단순한 산업단지가 아닌, 광주의 미래 비전을 응축한 '광주형 실리콘밸리'로 만들고자 한다. 이곳은 AI, 빅테크 기업들이 모여드는 글로벌 혁신지구로 다시 태어날 것이다. 광주의 5대 신경제지도가 추구한 '정주-연구-실증-산업'의 선순환 구조가 이곳에서 완성될 것이며, AI 중심도시로 도약한 광주가 세계 속에서 경쟁할 수 있는 토대가 구축될 것이다.

　광주형 실리콘밸리는 인재가 모이고 기업이 모이며, 다시 투자가 모이는 구조를 만들어 광주 경제의 체질을 바꾸는 '지속 가능한 성장 엔진'이 될 것이다. 이는 광주가 국가 AI 혁신의 실험장을 넘어서, 대한민국 미래산업의 축을 이끄는 중심도시로 발돋움하게 만드는 결정적 기반이기도 하다.

　이제 남은 일은 이 거대한 기회의 땅을 광주 시민 모두의 미래로 연결하는 일이다. 무안 민·군 통합공항의 이전이 서남권 관문공항을 열고, 광주형 실리콘밸리가 그와 유기적으로 연결된 미래도시로 자리 잡을 때, 우리는 광주-전남-서남권을 잇는 새로운 성장 축을 만들 수 있다.

　광주·전남·무안과 대통령실이 함께한 4자 사전협의에서 서로의 입장을 이해하고 공감대가 이뤄졌고, 12월 중 6자 회담이 열려 민·군 통합공항 이전 선포 원년이 될 것이다. 민·군 통합공항 이전 선포 원년이 될 것이다. 군공항이 떠난 자리에서 시작될 광주형 실리콘밸리는 미래형 기업, 문화, 새로운 삶이 새롭게 그려지는 장이 될 것이다. 이는 대한민국 미래산업의 지도를 그리는 또 하나의 출발점이다.

민주주의와 AI가 만나면: 부강한 광주

2024년 노벨경제학상을 수상한 제임스 로빈슨 시카고대 교수는 "AI는 새로운 기회이자 민주주의의 유용한 도구이다"라고 말했다. 특히 "산업화 시대에는 항만, 고속도로 등 인프라가 중요했지만, AI 시대에는 기술과 인재가 중요한 만큼 지방에 새로운 기회가 될 것"이라고 예견했다. 이 발언은 2025년 9월 9일 서울 신라호텔에서 열린 '제26회 세계지식포럼(WKF)'에서 나와 나눈 대담 자리에서 나온 말이다.

"민주도시가 경제발전에서도 앞서간다"는 그의 주장처럼, 광주는 신경제지도 2.0 시대를 활짝 열 것이다. 그러나 AI로 완성하는 미래도시 광주는 단지 지역의 산업 성장만을 의미하는 것이 아니다. 기술은 시민의 삶을 바꾸고, 민주주의는 한 단계 더 성숙하는 도시여야 한다. 이를 위해 도시의 새로운 참여형 민주주의 '모두의 AI 플랫폼'을 준비하고 있다.

광주의 강력한 자산인 민주주의와 AI가 만나면 어떻게 될까? AI는 민주주의를 일상에서 실현하는 유용한 도구가 된다. 단순히 행정효율성을 높이는 기술이 아니라, 시민 한 사람의 목소리가 도시의 정책으로 연결되는 직접 참여형 민주주의의 플랫폼이라는 뜻이다.

매년 민원과 상담은 꾸준히 증가하면서 행정 부담은 커지고, 기존 방식만으로는 시민의 다양한 요구를 세밀하게 담아내기 어려워졌다. 특히 노인·장애인·디지털 비경험층은 의사 표현조차 쉽지 않은 것이 현실이었다. 이 플랫폼은 이러한 문제를 해결하기 위한 새로운 도시 시스템이다. 이 플랫폼의 핵심은 기술보다 '시민 주권'이다. 말 한마디, 사진 한 장, 일상의 작은 불편까지도 AI가 정확히 이해하고, 감정을 읽고, 정책 제안으로 연결한다. 누구나 스마트폰 자판을 치지 않아도 목소리만으로 민원을 접수하고 토론하고 투표에 참여할 수 있다. AI는 시민의 언어를 이해하고, 비슷한 의견을 모아 정책 초안을 만들며, 정책 결정 과정까지 투명하게 공개한다.

예를 들어, 75세 김철수 어르신이 "아니 거시기, 우리 집 앞 횡단보도 파란 불이 너무 짧아가 걷다가 식겁했당께. 이거 좀 맹글어주쇼"라고 앱에 말하면, AI는 사투리까지 인식해 불편을 기록하고, 같은 문제를 제기한 시민들의 의견을 모아 '노인 보호구역 확대 및 스마트 신호등 설치'라는 정책 초안을 만든다. 그리고 이 안건은 모든 시민이 토론하고 의견을 낼 수 있는 공론장에 올라가며, 긍정 의견이 높아지면 시는 신속하게 바로 실행한다.

이는 '기술이 행정을 대신하는 시스템'이 아니라, 기술을 통해 시민이 직접 결정에 참여하는 민주주의의 확장이다. 노인·장애인·이주민까지 포용하는 무장벽 공론장은 광주가 추구해온 '모두의 도시' 정신과 맞닿는다. 내년부터 본격화될 이 사업은 단순한 행정시스템 개선이 아니다. 부유한 도시를 만들기 위해 산업을 키운다면, 강한 도시가 되기 위해서는 참여와 포용의 제도를 키워야 한다. '모두의 AI 플랫폼'은 바로 그 제도적 기반이며, 광주를 가장 민주적이고 가장 지능화된 도시로 만드는 핵심축이 될 것이다.

광주는 긴 시간 동안 변화의 길을 스스로 만들어왔다. 그리고 지금, 민주주의 뿌리 위에 AI라는 새로운 날개를 달았다. 산업과 도시, 삶의 방식을 다시 설계하는 미래지도는 우리가 미래 세대에게 물려줄 가장 큰 유산이 될 것이다.

이러한 흐름 속에서 미래도시 광주는 대한민국의 새로운 성장모델이다. AI로 산업을 바꾸고, 삶을 바꿔 '부강한 광주'로 나아간다. 그동안 축적된 광주의 힘은 '모두의 AI, 모두를 위한 미래도시 광주'를 완성시킬 것이다. AI로 여는 광주의 다음 장, 그 변화는 이미 시작되었다. 그것이 바로 광주의 '처음보다 더 극적인 두 번째 등장'이다.

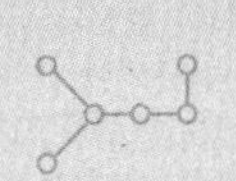

광주, 처음보다 더 극적인 두 번째 등장

1쇄 2025년 12월 12일 발행

지은이 강기정
펴낸이 김현종
기획총괄 배소라 **출판본부장** 안형태
편집 최세정 진용주 황정원 김수진 장진경
디자인 이미경 **마케팅** 김예리 신잉걸
미디어·경영지원본부 정태준 문상철 이주리 백범선 박윤수 남궁주철

펴낸곳 (주)메디치미디어
출판등록 2008년 8월 20일 제300 – 2008 – 76호
주소 서울특별시 중구 중림로7길 4, 지하 1층
전화 02-735-3308 **팩스** 02-73 -3309
이메일 medici@medicimedia.co.kr **홈페이지** medicimedia.co.kr
페이스북 medicimedia **인스타그램** medicimedia
유튜브 medici_media

© 강기정, 2025
ISBN 979-11-5706-512-7 (03300)